POLYGLOTT on tour

Paris

Der Autor
Björn Stüben

lebt mit seiner Familie in Paris. Er promovierte in Kunstgeschichte und leitet heute Studienreisen in seine Wahlheimatstadt, aber auch in ganz Frankreich. Über Neuigkeiten aus dem Kulturleben in der Seinemetropole berichtet er vor allem in Rundfunkbeiträgen und Artikeln.

REISEPLANUNG

LAND & LEUTE

Allgemeine Karten

Stadtteil-Karten

TOP-TOUREN IN PARIS

Erst-! klassig

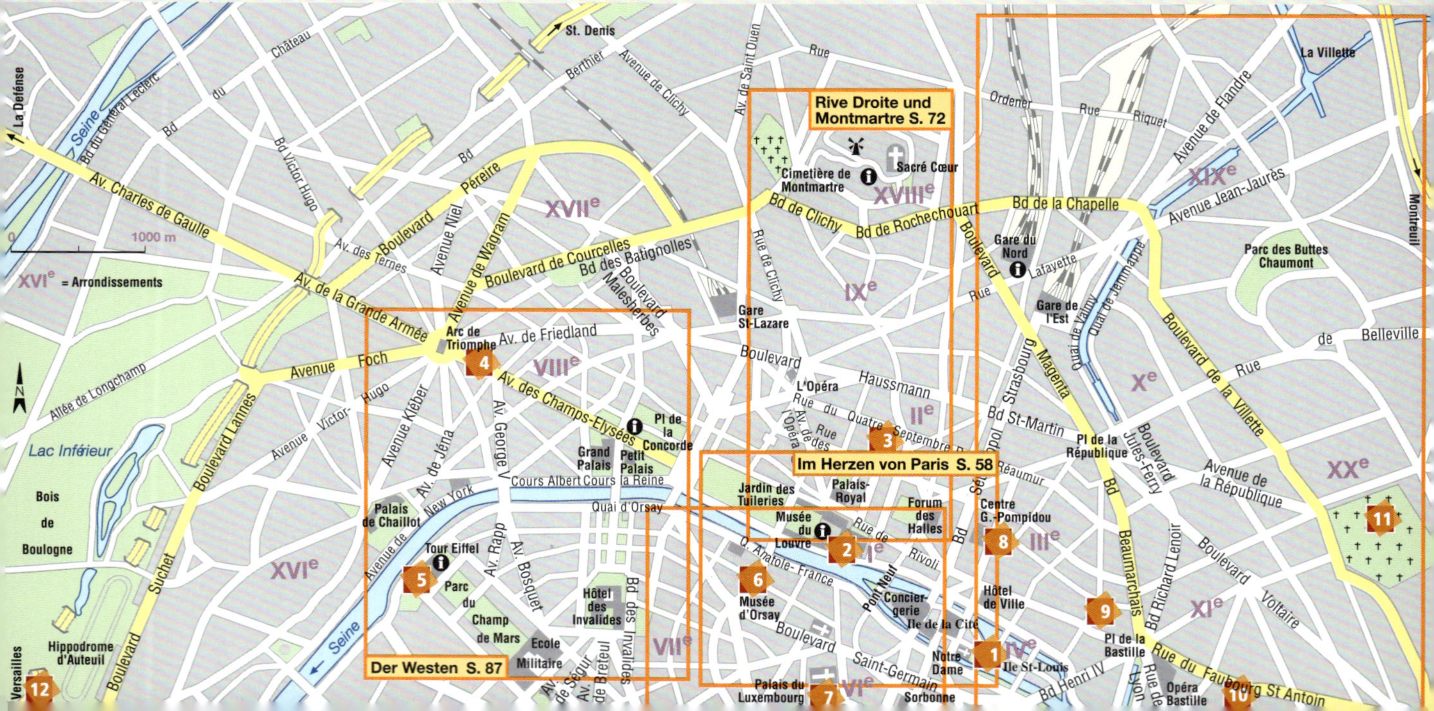
Rive Droite und Montmartre S. 72
Im Herzen von Paris S. 58
Der Westen S. 87
XVIe = Arrondissements
0
1000 m
La Défense
St. Denis
Montreuil
Versailles
Seine
Bd du Général Leclerc
Av. Charles de Gaulle
Av. de la Grande Armée
Boulevard Péreire
Avenue de Wagram
Boulevard de Courcelles
Bd des Batignolles
Boulevard Malesherbes
Bd de Clichy
Bd de Rochechouart
Bd de la Chapelle
Boulevard de la Villette
Avenue Jean-Jaurès
Avenue de Flandre
La Villette
Parc des Buttes Chaumont
Cimetière de Montmartre
Sacré Cœur
Gare St-Lazare
Gare du Nord
Gare de l'Est
Boulevard Haussmann
L'Opéra
Arc de Triomphe
Av. de Friedland
Av. des Champs-Elysées
Avenue Foch
Avenue Kléber
Av. de Iéna
Av. George V
Grand Palais
Petit Palais
Pl de la Concorde
Cours Albert
Cours la Reine
Quai d'Orsay
Palais de Chaillot
Tour Eiffel
Parc du Champ de Mars
Ecole Militaire
Hôtel des Invalides
Bd des Invalides
Jardin des Tuileries
Palais-Royal
Musée du Louvre
Forum des Halles
Centre G.-Pompidou
Musée d'Orsay
Pont Neuf
Conciergerie
Ile de la Cité
Notre Dame
Ile St-Louis
Hôtel de Ville
Palais du Luxembourg
Sorbonne
Boulevard Saint-Germain
Pl de la République
Boulevard Jules-Ferry
Bd Beaumarchais
Bd Richard Lenoir
Pl de la Bastille
Opéra Bastille
Rue du Faubourg St Antoin
Avenue de la République
Boulevard Voltaire
Bd Henri IV
Rue de Lyon
Boulevard Magenta
Bd St-Martin
Rue de Belleville
Quai de Valmy
Quai de Jemmapes
Lafayette
Bois de Boulogne
Lac Inférieur
Hippodrome d'Auteuil
Allée de Longchamp
Boulevard Lannes
Boulevard Suchet
Avenue Victor-Hugo
Bd Victor Hugo
Av. des Ternes
Avenue Niel
Av. de Saint Ouen
Avenue de Clichy
Rue de Clichy
Berthier
Château
Ordener
Rue Riquet
XVIe
XVIIe
XVIIIe
XIXe
XXe
VIIIe
IXe
Xe
XIe
IIe
IIIe
IVe
Ie
VIe
VIIe
1
2
3
4
5
6
7
8
9
10
11
12

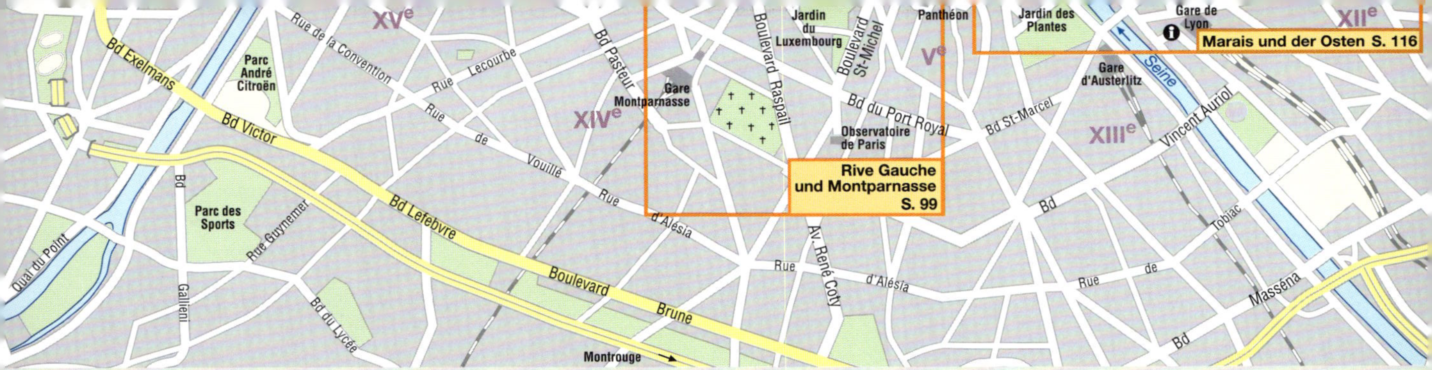

POLYGLOTT Top 12

1 Notre-Dame
2 Louvre
3 Galerie Vivienne
4 Champs-Élysées
5 Tour Eiffel
6 Musée d'Orsay
7 Jardin du Luxembourg
8 Centre Pompidou
9 Place des Vosges
10 Marché d'Aligre
11 Friedhof Père Lachaise
12 Versailles

Zeichenerklärung der Karten

6 Top 12 Tipp

beschriebenes Stadtviertel (Seite=Kapitelanfang)

32 oder A Sehenswürdigkeiten

4 Tourenvorschlag in Stadt

Autobahn
Schnellstraße
Hauptstraße
sonstige Straßen
Fußgängerzone
Eisenbahn
Staatsgrenze
Landesgrenze
Nationalparkgrenze

Der Garten von Versailles
im Oktober
REISE-
PLANUNG

Die Stadtviertel im Überblick

Paris ist zwar nicht wie Rom auf sieben Hügeln erbaut, aber eine Erhebung überragt das Pariser Häusermeer: **Montmartre,** der »Berg der Märtyrer«, mit der schneeweißen Basilika Sacré-Cœur auf seiner Kuppe. Von hier oben wird deutlich, dass Paris eigentlich gar nicht so groß ist, zumindest nicht sein Stadtkern. Nur knapp 4 km entfernt ragen ziemlich genau im **Pariser Zentrum** die Türme von Notre-Dame empor: Sie markieren die beiden Seine-Inseln, von denen aus sich Paris einst entwickelte: die Île de la Cité und die kleinere Île S-Louis.

Die Seine durchfließt das Stadtgebiet in sanftem Bogen von Südosten nach Südwesten und teilt es in zwei Großbereiche – und die Pariser orientieren sich stark an dieser Stadtgeografie. »Rive Gauche« südlich der Seine bzw. links des Flusses und »Rive Droite«, das nördliche Stadtgebiet oder die rechte Seite der Seine, bedeuten für manche sogar zwei unterschiedliche Welten. Die intellektuelle **Rive Gauche,** Tummelplatz der Boheme im Quartier Latin und in St-Germain-des-Prés, steht der geschäftstüchtigen und hektischen **Rive Droite** mit Opernviertel, Rue de Rivoli und Einkaufspassagen gegenüber.

Jenseits der Boulevards, die einst die Stadtgrenze markierten, haben einige Quartiere ihren Charme aus der Zeit vor 1860 bewahrt, als sie noch nicht eingemeindet waren. So hat sich der dörfliche Charakter des Montmartre im Pariser Norden allen Touristenmassen zum Trotz weitgehend erhalten, während der **Montparnasse** im Süden viel von seiner ursprünglichen Atmosphäre eingebüßt hat.

Shopping auf der Avenue des Champs-Élysées

Prächtig und eindrucksvoll – so lässt sich der Stadtbereich im Pariser **Westen** umschreiben: von den Champs-Élysées über den gleichfalls weltberühmten Eiffelturm bis hin zum pompösen Invalidendom zeigt sich hier hauptstädtisches Gepräge.

Paris ist auch eine Stadt der Gegensätze, denn der Pariser **Osten** oszilliert zwischen den wundervollen Architekturensembles des Marais-Viertels, reizvollen Parkanlagen, Kanälen und kleinen, fast ländlichen Wohnquartieren nahe dem romantischen Friedhof Père Lachaise.

Extra-Touren

Tour 1 Kurzes Shoppingwochenende in Paris

Tour-Übersicht:
Champs-Élysées › Avenue Montaigne › Rue du Faubourg-St-Honoré › Place Vendôme › Louvre › Pont-Neuf › Île de la Cité › Notre-Dame › Île St-Louis › Marais › Rue des Francs Bourgeois › Place des Vosges › Boulevard Richard-Lenoir › Bastille

Dauer:
Zwei halbe Tage mit je 3 Std. reiner Gehzeit.

Verkehrsmittel:
1. Tag: Ausgangspunkt Ⓜ Charles de Gaulle Etoile, **Endpunkt** Ⓜ Louvre–Rivoli.
2. Tag: Ausgangspunkt Ⓜ Pont-Neuf, **Endpunkt** Ⓜ Bastille.
Die Touren selbst werden zu Fuß zurückgelegt.

Wer für ein kurzes Wochenende nach Paris reist, könnte den Samstagnachmittag gut für einen Schaufensterbummel nutzen. Dabei liegen am Wegesrand auch einige der schönsten Plätze der französischen Hauptstadt.

1. Tag: Den Arc de Triomphe im Rücken, blickt man auf die ****Avenue des Champs-Élysées** › **S. 89**, die von hier bis über die ****Place de la Concorde** › **S. 89** hinausreicht – so präsentiert sich der obere Teil der Pariser Königsachse am eindrucksvollsten. Auf der breiten Flaniermeile verbirgt sich hinter der Nr. 101 ein Konsumtempel der Luxusklasse, das Stammhaus von **Louis Vuitton** (10–20, So 11–19 Uhr). Am Rond-Point der Champs-Élysées zweigt die **Avenue Montaigne** › **S. 91** zur Seine hin ab. Ein Abstecher dorthin zu den diskreten Boutiquen großer Modehäuser wie Chanel (Nr. 42) oder Christian Dior (Nr. 30) lohnt sich. Zur Mittagszeit lässt sich eine (kostspielige) Pause einlegen im Restaurant La Terrasse Montaigne des Luxushotels **Plaza Athénée** (Nr. 25) › **S. 93**. Wenn Geld übrig bleibt, dann vielleicht anschließend noch zu Prada (Nr. 10)?

Wieder auf den Champs, stößt man bald auf die Abzweigung Avenue de Marigny, die an der Parkseite des **Palais de l'Élysée** entlang zur Rue du Faubourg-St-Honoré führt. Neben Botschaftsgebäuden locken die Auslagen von Yves Saint-Laurent (Nr. 38), Givenchy (Nr. 28) oder Lanvin (Nr. 22). Blickfang ist aber das stattliche Eckhaus von Hermès (Nr. 24). Auf der Rue Saint-Honoré gelangt man bald zur noblen ****Place Vendôme** › **S. 76** mit ihren Juwelieren und natürlich dem Hotel Ritz. Dem brausenden Verkehr auf der nahen Rue de Rivoli entkommt, wer in den Cour Carrée des *****Louvre** › S. 66 abbiegt. Das Restaurant Le Fumoir an der Metrostation Louvre-Rivoli ist der ideale Ort für ein *dîner* (●●, bis 23.00, Tel. 01 42 92 00 24).

2. Tag: Am Sonntagmorgen herrscht Ruhe rings um die Metrostation Pont-Neuf. Der ****Pont-Neuf** › S. 65 führt hinüber auf die Seine-Insel ****Île de la Cité** › S. 60, die Keimzelle des alten Paris. Über den einstigen Königsplatz ***Place Dauphine** › S. 65 und den Quai des Orfèvres erreicht man *****Notre-Dame** › S. 60, vor der sich jetzt noch keine Touristen drängeln. Von dem kleinen Park hinter dem Chor der Kathedrale aus schaut man auf die ****Île St-Louis** › S. 106. Ein Fußgängerbrückchen führt hinüber zur Insel, über den Pont Louis-Philippe gelangt man wieder auf das andere Seine-Ufer. Geradeaus markiert bald die Rue Vieille-du-Temple den Beginn des ****Marais-Viertels** › S. 116. In der nahen Rue des Francs-Bourgeois haben die meisten Geschäfte auch sonntags geöffnet. Am Vormittag füllen sie sich mit Leben. Unter den Arkaden der aristokratischen ****Place des Vosges** › S. 122 ist Zeit für einen *café au lait*. Durch die Rue du Pas-de-la-Mule und die Rue du Pasteur-Wagner gelangt man zum Boulevard Richard-Lenoir mit seinem großen Sonntagsmarkt (bis 15 Uhr nördlich der Metrostation Bréguet Sabin). Käse, Schinken, Tapenade und vor allem Wein aus Südfrankreich zum Mitnehmen oder aber mittags schnell einen Imbiss *à la française*? Alles gibts in der Epicerie Saint-Sabin bei Florence und Laurent. Rundum zufrieden schlendert man schließlich zur ***Place de la Bastille** › S. 122.

Tour 2 Paris mit dem Linienschiff erkunden

Tour-Übersicht:

Trocadéro › Tour Eiffel › Boulevard St-Germain › Quartier Latin › Hôtel de Ville › Centre Pompidou › Île de la Cité › Notre-Dame › Louvre › Tuileries › Place Vendôme › Madeleine › Place de la Concorde › Quai Branly › Palais de Tokyo

Dauer:

Reine Gehzeit ca. 10 Std., verteilt auf zwei ganze Tage.

Verkehrsmittel:

1. Tag: **Ausgangspunkt** Ⓜ Trocadéro, **Endpunkt** Ⓜ Rambuteau.
2. Tag: **Ausgangspunkt** Ⓜ Châtelet, **Endpunkt** Ⓜ Iéna.
Die Tour wird mit dem Batobus › S. 16 und zu Fuß zurückgelegt.
Der Batobus befährt als Linienschiff die Seine; mit einem Zwei-Tages-Ticket kann man jederzeit aus- und wieder zusteigen.

Von den Seine-Schiffen aus bietet sich ein fantastischer Blick auf die Stadt

Die Seine ist die Hauptschlagader von Paris – sicher einer der Gründe, weshalb ihre Ufer von der UNESCO als Weltkulturerbe eingestuft wurden. Warum sollte die Seine nicht auch der Leitfaden für eine Stadterkundung sein?

1. Tag: Von der Treppenanlage und Panoramaterrasse des ***Palais de Chaillot** › S. 94 (Ⓜ Trocadéro) hat man den schönsten Blick auf den *****Eiffelturm** › S. 95. Über den Pont d'Iéna gelangen Sie hinüber zum Pariser Wahrzeichen. Frühaufsteher umgehen die langen Schlangen am Ticketschalter für den Aufzug (ab 9.30, 15.6.–1.9. ab 9 Uhr). Von der 276 m hohen obersten Plattform des Eiffelturms ist der Lauf der Seine gut zu erkennen.

Am Quai Branly, der Uferstraße am Fuß des Eiffelturms, besteigt man dann den Batobus und fährt eine Station bis zum *****Musée d'Orsay** › S. 106. Von dort führt der Weg durch die Rue de Solférino weiter zum **Boulevard St-Germain** › S. 108. An der Place St-Germain-des-Prés pulsiert das Leben. Die Wahl des Caféhauses für eine Pause fällt schwer: ins Café de Flore oder doch direkt ins Les Deux Magots (beide › S. 29)? Vorbei an der Abteikirche ****St-Germain-des-Prés** › S. 108 führt der Weg zur Rue de Seine, in der sich eine Kunstgalerie an die nächste reiht. Am ehrwürdigen ***Institut de France** › S. 65 ist wieder das Seine-Ufer erreicht. Die Wartezeit bis zum nächsten Batobus vergeht auf der malerischen Fußgängerbrücke ***Pont des Arts** › S. 65 schnell. An der nächsten Station, Notre-Dame, verlässt man das Schiff, um das ****Quartier Latin** › S. 101 zu entdecken. Am Ende der Rue des Carmes, die einen kleinen Hügel hinaufführt, erkennt man schon das ****Panthéon** › S. 103. Rue Clovis und Rue Cardinale-Lemoine führen dann wieder hinunter zur Rue des Fossés-St-Bernard. Von der Dachterrasse des ***Institut du Monde Arabe** › S. 105 hat man einen überwältigenden Blick über die Pariser Innenstadt. Am Quai St-Bernard legt wiederum der Batobus ab. Vom ***Hôtel de Ville** › S. 60 sind es danach nur noch wenige Schritte bis zum *****Centre Pompidou** › S. 118, in dem es jede Menge Kunst zu entdecken gibt.

2. Tag: Am nächsten Tag startet die Tour an der Metrostation Châtelet. Über den Pont au Change ist die Île de la Cité erreicht. Hier locken das Juwel der Gotik, die ***Sainte-Chapelle** › S. 64, und die berühmte Kathedrale ***Notre-Dame** › S. 60. Am nahen Hôtel de Ville geht's wieder auf den Batobus, der bald am Quai du Louvre anlegen wird. An der Place du Carrousel muss man sich entscheiden: entweder für einen Besuch des ***Musée du Louvre** › S. 66, das man durch die gläserne Pyramide erreicht, oder für eine Fortsetzung des Spaziergangs in den *Jardin des Tuileries** › S. 69. Durch die Rue Castiglione kommt man dann zur noblen **Place Vendôme** › S. 76.

Juweliere säumen auch die Rue de la Paix, die direkt zur **Opéra Garnier** › S. 77 führt, der alten Pariser Oper. Über die Boulevards des Capucines und de la Madeleine geht es zu einem enormen Tempel, der Kirche *Madeleine** › S. 77. Am Ende der Rue Royale erkennt man schon den größten Pariser Platz, die **Place de la Concorde** › S. 89. Die Pariser Königsachse ist nicht schwer zu finden: die schnurgeraden **Champs-Élysées** › S. 89 weisen den Weg in Richtung **Arc de Triomphe** › S. 91. Am riesigen *Grand Palais** › S. 89 an der Place Clémenceau sollte man jedoch wieder zur Seine hin abbiegen. An der prunkvollen Brücke *Pont Alexandre III** › S. 98 besteigt man den Batobus und fährt eine Station bis zum Eiffelturm. Von dort aus erreicht man über den Quai Branly und eine Fußgängerbrücke über die Seine das **Palais de Tokyo** › S. 93 an der Metrostation Iéna. Freunde zeitgenössischer Kunst werden hier die Tour beenden.

Tour 3 Streifzug durch Pariser Künstler- und Schriftstellerhäuser

Tour-Übersicht:
Place Blanche › Quartier La Nouvelle Athènes › Montparnasse › Rue d'Assas › Jardin de Luxembourg › St-Germain-des-Prés › Place Furstenberg

Dauer:
1 Tag (nicht am Mo und Di!) mit 2 Std. reiner Gehzeit.

Verkehrsmittel:
Ausgangspunkt Ⓜ Blanche, **Endpunkt** Ⓜ St-Germain-des-Prés.
Die Tour wird mit der Metro und im zweiten Teil vor allem zu Fuß zurückgelegt.

Wer möchte in Paris nicht einmal die ausgetretenen Pfade verlassen? Ein Streifzug durch einige versteckte Künstler- und Schriftstellerhäuser bietet sich an.

Südlich des ****Montmartre** › **S. 82** liegt das 9. Pariser Arrondissement. Von der **Place Blanche** zweigt die Rue Fontaine ab, die zur Rue Chaptal hinunterführt. In der ersten Hälfte des 19. Jhs. gab es hier weiter nichts als Gemüsegärten. Dann entstand das Stadtviertel La Nouvelle Athènes. Hierher zogen bald Künstler und Schriftsteller, darunter der Maler der Romantik Ary Scheffer (1795–1858), dessen Haus in der Rue Chaptal Nr. 16 heute das **Musée de la vie romantique** beherbergt (tgl. außer Mo 10–18 Uhr, www.vie-romantique.paris.fr). George Sand und Chopin, Liszt und Rossini gingen hier ein und aus. Durch die großen Fenster zweier Ateliers fällt Tageslicht. Bilder an den Wänden erinnern an Ary Scheffer, Porträts, Schmuck und Möbel an George Sand. Zurück auf der Rue Fontaine, geht man bis zur Abzweigung Rue de La Rochefoucauld. Fast am unteren Ende (Nr. 14) liegt das **Musée Gustave Moreau** (tgl. außer Di 10–17 Uhr, www.musee-moreau.fr). Der symbolistische Maler Moreau (1826–1898) lebte hier inmitten seiner Werke. Bürgerliches Leben des 19. Jhs. spiegelt sich im großen Salon, im Empfangs- und Esszimmer. Die kunstvolle Wendeltreppe im ehemaligen Atelier ist allein schon einen Besuch wert. Die Rue de La Rochefoucauld stößt auf die Rue St-Lazare, an deren Ende die Metrostation Trinité liegt. Mit der Linie 12 gelangt man direkt zur Metrostation Notre-Dame-des-Champs. Hier, am Rand des Viertels ****Montparnasse** › **S. 112**, ist in der Rue d'Assas Nr. 100 *bis* das kleine **Musée Zadkine** untergebracht (Di–So 10–18 Uhr, www.zadkine.paris.fr; Karte › **S. 113**). 1908 war der russische Bildhauer Ossip Zadkine (1890–1967) nach Paris emigriert, wo er kubistische Skulpturen schuf – sie stehen noch in dem winzigen begrünten Innenhof, der an das intime Künstleratelier anschließt. Dem Museum schräg gegenüber zweigt die Rue Michelet ab; sie führt direkt auf eine breite Allee, die dem ****Jardin du Luxembourg** › **S. 112** zustrebt. An dessen nordwestlicher Ecke beginnt die elegante Rue Bonaparte. Hinter der Kirche ****St-Germain-des-Prés** › **S. 108** führt die Rue de l'Abbaye zur ***Place Furstenberg** › **S. 109**, wo sich das **Musée national Eugène Delacroix** › **S. 110** befindet. Der romantische Maler, der aus einem Pariser Vorort stammte, lebte hier die letzten Jahre vor seinem Tod und arbeitete in seinem Atelier, das auf einen großen Garten hinausgeht.

SEITENBLICK

Pariser zeigen ihr Paris

Paris einmal ganz anders zu besuchen wird möglich, wenn man sich im Internet bei »Parisien d'un jour, Parisien toujours« einschreibt. »Einen Tag Pariser, immer Pariser« nennt sich eine Organisation von Einheimischen, die Gästen kostenlos ihre Stadt zeigen. Bis zu sechs Personen können sich hierzu verabreden:

- www.parisgreeters.fr

Und wer mit Parisern zu Abend essen oder auf Entdeckungsspaziergänge gehen möchte oder ein Gästezimmer sucht, der wird fündig unter:

- www.meetingthefrench.com
- Tel. 01 42 51 19 80

Klima & Reisezeit

Im gemäßigten Pariser Klima kommt es fast das ganze Jahr hindurch zu gleich bleibenden Niederschlägen. Der Mai ist jedoch am regenreichsten. Die mittlere Jahrestemperatur beträgt 10,8 °C, im Juli ist es mit durchschnittlich 18,4 °C am wärmsten und im Januar mit 3,5 °C am kältesten.

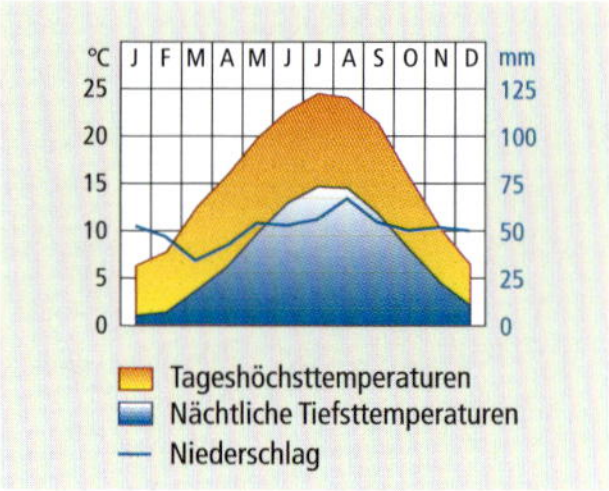

Reisezeit

Jede Jahreszeit hat in Paris ihren ganz eigenen Charme. Im Juli und August kann es sehr heiß werden, aber dafür gibt es dann den künstlichen Strand »Paris-Plage« an den Seine-Quais. Auch wer ein richtiges Feuerwerk erleben will, sollte nicht zu Silvester, sondern zum Nationalfeiertag am 14. Juli nach Paris kommen.

Im Frühjahr und Herbst läuft der Kulturbetrieb auf Hochtouren mit vielen interessanten Ausstellungen und Messen. Gerade im Mai platzen manche Museen aus allen Nähten. Im Januar und Februar sind die Museen und Galerien weniger besucht. In der Vorweihnachtszeit putzt sich Paris dann festlich heraus.

Anreise

Mit dem Auto

Das gut ausgebaute französische Autobahnnetz führt sternförmig nach Paris (www.autoroutes.fr). Die Autobahnen im Land sind kostenpflichtig (*péage*). Die Promillegrenze liegt bei 0,5. Die zulässige Höchstgeschwindigkeit beträgt auf Autobahnen 130 km/h, auf Schnellstraßen 110 km/h, auf Landstraßen 90 km/h und in geschlossenen Ortschaften 50 km/h. Es besteht Anschnallpflicht, für Motorradfahrer Helmpflicht; im Auto müssen reflektierende Warnwesten und ein Alcotest mitgeführt werden.

Mit dem Zug

Von Deutschland und Österreich aus werden die Bahnhöfe Gare du Nord und Gare de l'Est angefahren. (TGV von München und Stuttgart, Thalys von Köln, ICE von Frankfurt). Schweizer erreichen den Bahnhof Gare de Lyon. Infos und Buchungen unter www.tgv-europe.de.

Mit dem Flugzeug

Von den beiden Pariser Flughäfen Roissy-Charles de Gaulle im Norden und Orly im Süden gelangt man mit den Flughafenbussen der Air France oder der Schnellbahn RER in die Innenstadt.

Beide Flughäfen im Internet: www.adp.fr

- Von **Charles de Gaulle (CDG)** in die Stadt: Cars Air France (Linie 2) 6–23 Uhr alle 30 Min. zur Place Charles de Gaulle Étoile (15 €); Roissybus 6–23 Uhr alle 15–20 Min. zur Opéra (10 €); RER B 5–24 Uhr alle 10–15 Min. (9,25 €). Die Taxifahrt kostet 40–45 €.
- Von **Paris-Orly (ORY)** in die Stadt: Cars Air France (Linie 1) 6.00–23.40 Uhr alle 20 Min. zur Gare Montparnasse/ Invalides/Place Charles de Gaulle Étoile (11,50 €); Orlybus 6–23.30 Uhr (Fr und Sa bis 0.30 Uhr) alle 10–20 Min. zur Place Denfert-Rochereau (7,20 €); Orlyval 6–23 Uhr alle 4–8 Min. zum RER-B-Bahnhof Antony, dann RER B 5–24 Uhr alle 10–15 Min. (11,30 €). Die Taxifahrt kostet 25–30 €.

Stadtverkehr

Die Pariser Verkehrsbetriebe (RATP) unterhalten ein dichtes Netz von Metro-, RER- und Buslinien. Kostenlose Linienpläne sind in sämtlichen Metrostationen erhältlich. Infos (auch auf Deutsch): www.ratp.fr.

Metro

Das Pariser U-Bahn-Netz ist eines bestausgebauten der Welt. Die 14 Metrolinien verkehren von 5.30 bis 0.30 Uhr; Fr, Sa und vor Feiertagen bis ca. 1.30 Uhr. Jede Linie hat ihre eigene Nummer und Farbe. Beim Umsteigen orientiert man sich an den Endstationen der Linien, die den Weg zum richtigen Bahnsteig anzeigen. Mit einem Fahrschein kann man so lang im gesamten Metronetz »unterirdisch« bleiben, wie man will.

Das Einzelticket *ticket+* kostet 1,70 €, das Zehnerheft *Carnet* 13,30 €, die Tageskarte *Mobilis* 6,60 € (Paris plus 1 Zone) und der Pass *Paris Visite* für 1, 2, 3 oder 5 Tage 10,55–33,70 € (1–3 Zonen).

RER (S-Bahn)

Mit den Zügen des Réseau Express Régional (RER) sind die wichtigsten Orte in der Île-de-France zu erreichen. Innerhalb von Paris kann man die RER-Linien mit einem normalen Metroticket benutzen.

Bus und Straßenbahn

Die Busse und Straßenbahnlinien verkehren werktags von 7–20.30 Uhr, manche bis 0.30 Uhr, auch So und feiertags. Mit einem vorab gekauften *ticket+* ist mehrfaches Umsteigen innerhalb von 1,5 Stunden gestattet (nur zwischen Bussen und Straßenbahnen). Die Nachtbusse *Noctilien* verkehren zwischen 0.30 und 5.30 Uhr.

Taxi

Taxis mit dem Leuchtschild *Taxi parisien* auf dem Dach lassen sich am besten auf der Straße anhalten. Für Gepäckstücke werden zusätzliche Gebühren verlangt. Taxis nehmen drei Personen mit (nur auf der Rückbank!), für eine vierte Person muss ein Aufpreis bezahlt werden.

Busrundfahrten

Der »Balabus« (www.ratp.info) verkehrt von April bis September sonn- und feiertags zwischen 12.30 und 20 Uhr, von La Défense zur Gare de Lyon. (Zeichen »Bb« an den öffentlichen Bushaltestellen).

Batobus auf der Seine

Regulärer Schiffsverkehr (www.batobus.com) mit acht Anlegepunkten zwischen Eiffelturm und Jardin des Plantes, alle 20 bis 25 Min., April–Okt. 10–21.30, sonst bis 19 Uhr. Tickets für 1, 2 oder 5 aufeinanderfolgende Tage kosten für beliebig viele Fahrten 15, 18 bzw. 21 €.

SEITENBLICK

Paris elektromobil

Wer Paris umweltschonend mit einem Elektroauto erkunden möchte, kann sich über das Internet bei Autolib' anmelden. Fast 3000 sogenannte Bluecars, die Platz für 4 Personen bieten, sind schon im Einsatz.

Und so funktioniert's: Über www.autolib.eu (auch englisch) kann ein Abonnement für 24 Stunden oder 7 Tage abgeschlossen werden (10 € bzw. 15 €). Voraussetzungen hierfür sind die Volljährigkeit, ein gültiger Führerschein und eine eigene Visa- oder Mastercard. Einmal abonniert, hilft Servicepersonal an den knapp 500 Stationen weiter, bevor die Spritztour beginnt. Die erste halbe Stunde Fahrzeit kostet 7 €, die zweite 6 €, jede weitere 8 €. Auf geht's!

Mit dem eigenen Auto

In Paris gilt ausnahmslos die Regel »rechts vor links«, auch im Kreisverkehr, also hat der einmündende Verkehr Vorfahrt! Parken am Straßenrand zwischen 9–19 Uhr ist immer *payant*, limitiert auf 2 Std. und kostet zwischen 1 und 4 € pro Stunde (So, Fei und fast überall im August frei). Hierfür braucht man eine **Paris Carte** (für 10–30 € in Tabakläden erhältlich).

Mit dem Fahrrad

Mit **Vélib'** stehen ca. 20 000 moderne Fahrräder an knapp 1800 Stationen zur Verfügung. Der preisgünstige Service (Grundgebühr 1,70 € für 1 Tag, 8 € für 7 Tage) ist für kurze Ausleihzeiten gedacht. Die ersten 30 Min. sind kostenlos, danach wird es teurer (www.velib.paris.fr).

Der Spa-Bereich im Luxushotel Costes

Paris Rando Velo (Tel. 06 64 17 90 44, www.parisrandovelo.com) startet Fr 21.30 Uhr und jeden dritten So im Monat 10.30 Uhr vor dem Rathaus (Hôtel de Ville) Fahrradtouren quer durch Paris.

Paris à vélo c'est sympa führt Stadtrundfahrten mit dem Fahrrad durch und verleiht Fahrräder auch individuell › **S. 140.**

Unterkunft

Das Preisniveau in Paris ist aufgrund der ganzjährig guten bis sehr guten Hotelauslastung relativ hoch. Hotelbuchungen (deutschsprachig) lassen sich am einfachsten über http://de.parisinfo.com/paris-hotels-de oder über www.hotels-paris.fr/de vornehmen.

Luxushotels

Die Dichte an meist legendären Luxusherbergen ist in Paris hoch. Die Preise beginnen bei 400 € pro Nacht für das Einzelzimmer.

Costes ●●●

Erlesen und elegant gestaltet, ganz nahe der Place Vendôme. Der Innenhof, der an einen Florentiner Patio erinnert, ist der ideale Platz für ein leichtes, aber kostspieliges Mittagessen im Großstadtdschungel.

- 239, rue Saint Honoré
- Ⓜ Tuileries
- Tel. 01 42 44 50 00
- www.hotelcostes.com

L'Hôtel Particulier ●●●

Hotel mit nur fünf ultramodernen Suiten, versteckt in einem verwunschenen Garten auf dem Montmartre.

- 23, ave. Junot
- Ⓜ Lamarck-Coulaincourt
- Tel. 01 53 41 81 40
- www.hotel-particulier-montmartre.com

Le Meurice ●●●
Luxus pur nahe der Tuileriengärten: Zur Einstimmung empfiehlt sich die Bar 228 mit über 50 verschiedenen Whiskysorten.
- 228, rue de Rivoli
- Ⓜ Tuileries
- Tel. 01 44 58 10 10
- www.meuricehotel.com

Pershing Hall ●●●
Nahe den Champs-Élysées, mit »vertikalem« Garten im Innenhof.
- 49, rue Pierre Charron
- Ⓜ Franklin Roosevelt
- Tel. 01 58 36 58 00
- www.pershinghall.com

Mittelklassehotels

Bei der Mittelklasse in Paris liegen die Preise für ein Doppelzimmer meist zwischen 120 und 300 € pro Nacht. Dabei können die Hotels der 3- und 4-Sterne-Kategorie je nach Lage im Preis sehr variieren.

Hotel des Grandes Ecoles ●●
Recht blumig dekoriertes, familiäres Hotel im Quartier Latin mit Garten.
- 75, rue Cardinal Lemoine
- Ⓜ Cardinal Lemoine
- Tel. 01 43 26 79 23
- www.hotel-grandes-ecoles.com

Hotel Crayon ●●
Zentral gelegenes kleines Hotel mit Vintage-Möblierung vor poppig bunten Wänden.
- 25, rue du Bouloi
- Ⓜ Louvre – Rivoli
- Tel. 01 42 36 54 19
- www.hotelcrayon.com

Hotel Amour ●●
Sehr angesagtes Hotel mit Innenhof und Bar als extravaganter Hotspot – nur zu übernachten geht aber auch.
- 8, rue Navarin
- Ⓜ St-Georges
- Tel. 01 48 78 31 80
- www.hotelamourparis.fr

Das Hotel Chopin in der Passage Jouffroy hat kleine, gemütliche Zimmer

Timhotel Montmartre ●●
Zimmer mit Aussicht gefällig? In den beiden oberen Etagen dieses modern eingerichteten Hotels am Montmartre hat man den oft fotografierten Rundumblick aufs Pariser Häusermeer.
- 11, rue Ravignan (Pl. Emile Goudeau)
- Ⓜ Abbesses
- Tel. 01 42 55 74 79
- www.timhotel.com

Einfachere Hotels

Auch für unter 120 € die Nacht im Doppelzimmer finden sich in Paris einfache, aber angenehme Hotels, die allerdings immer schnell ausgebucht sind.

Hotel Chopin ●
Direkt an den großen Boulevards und doch ruhig in der typisch pariserischen Passage Jouffroy gelegen. Manche Zimmer sind allerdings sehr klein.

Erst-! klassig

- 10, blvd. Montmartre
- Ⓜ Grands Boulevards oder
- Richelieu Drouot
- Tel. 01 47 70 58 10
- www.hotel-chopin.com

Eldorado ●
Angesagtes Stadthotel unweit der Place de Clichy fast am Westrand des Montmartre. Die Zimmer sind mit Reisesouvenirs und Fundstücken vom Flohmarkt eingerichtet. Idyllischer Innenhof.

Erst-! klassig

- 18, rue des Dames
- Ⓜ Place de Clichy
- Tel. 01 45 22 35 21
- www.eldoradohotel.fr

Grand Hotel Jeanne d'Arc ●
Ein familiär geführtes Haus mit viel Charme und Charakter im Marais nahe der Place des Vosges, das aber leider häufig ausgebucht ist. Hier gibt es auch Dreibett- (149 €) und Vierbettzimmer (164 €).
- 3, rue Jarente
- Ⓜ St-Paul
- Tel. 01 48 87 62 11
- www.hoteljeannedarc.com

Hotel du Parc Montsouris ●
Eingerichtet in einem Wohnhaus aus dem 19. Jh. direkt am malerischen Parc Montsouris. Recht abseits vom Zentrum im Süden von Paris (14. Arr.) gelegen.
- 4, rue du parc Montsouris
  Ⓜ Porte d'Orléans
- Tel. 01 45 89 09 72
- www.hotel-parc-montsouris.com

Pariser Hotels mit Flair

Erst-! klassig

- **Hotel des Grandes Ecoles** › S. 18
  Eine gemütliche Oase der Stille mitten im Quartier Latin. Bei schönem Wetter wird das Frühstück unter Bäumen serviert.
- **Hotel Amour** › S. 18
  Vintage-Design vom Feinsten und frische Luft im begrünten Innenhof sind hier zu finden.
- **Hotel Chopin** › S. 19
  Kleine, aber ruhige Zimmer. Chopin hätte sich hier wohlgefühlt.
- **Eldorado** › S. 19
  Originelles kleines Hotel mit lässigem Publikum, dass auch gerne im benachbarten Bistro abhängt.
- **Mama Shelter** › S. 20
  Ultramodern und extravagant eingerichtet – aber Anonymität ist hier zum Glück ein Fremdwort.

Lux Hotel Picpus ●

Gepflegtes kleineres Hotel mit ordentlichen Zimmern in schöner Umgebung. Der Bois de Vincennes ist nicht weit. Sehr preisgünstig für Paris; üppiges Frühstücksbuffet.

- 74, blvd. de Picpus (im Osten, nahe Pl. de la Nation
- Ⓜ Picpus
- Tel. 01 43 43 08 46
- www.parisluxhotel.com

Hotel Solar ●

Das kleine Hotel ist nach eigener Aussage »ökologisch, ökonomisch und militant«, also eine Neuheit in der Pariser Hotellerie. Wer umweltfreundlich und billig, aber mit Komfort und Bio-Frühstück wohnen will, ist hier richtig. Fahrradverleih inklusive.

- 22, rue Boulard
- Ⓜ/RER Denfert-Rochereau
- Tel. 01 43 21 08 20
- www.solarhotel.fr

Designhotels

Designhotels rechnen mit zahlungskräftiger Kundschaft, in Paris sowieso. Als erschwingliche Adresse empfiehlt sich das »Mama Shelter« › rechts.

Secret de Paris ●●●

Noble, nach Themen dekorierte Zimmer im Stil z. B. des Tour Eiffel, Musée d'Orsay oder Moulin Rouge.

- 2, rue de Parme
- Ⓜ Liège
- Tel. 01 53 16 33 33
- www.secretdeparis.com

Kube ●●●

Gegensätze ziehen sich an. Eine der ausgefallensten Pariser Designherbergen im multikulturellen Pariser Norden.

- 1–5, pass. Ruelle
- Ⓜ La Chapelle
- Tel. 01 42 05 20 00
- www.kubehotel.com

Hidden Hotel ●●●

Zeitgenössisch eingerichtet mit natürlichen Materialien (Schiefer, Marmor, Kokosfasern, Holz). »Hidden« (versteckt) vergisst man hier schnell den Lärm der nahen Champs-Élysées.

- 28, rue de l'Arc de Triomphe
- Ⓜ Charles de Gaulle – Étoile
- Tel. 01 40 55 03 57
- www.hidden-hotel.com

Mama Shelter ●●

Design muss nicht immer sehr teuer sein. Die innovative Hotelkreation des Stardesigners Philipp Starck liegt gleich beim Friedhof Père Lachaise im populären Pariser Osten.

Erst-! klassig

- 109, rue Bagnolet
- Ⓜ Maraîchers
- Tel. 01 43 48 48 48
- www.mamashelter.com

Bed & Breakfast

Alcôve & Agapes

Im Angebot sind ausgesucht schöne, ruhig gelegene Privatzimmer.

- Tel. 01 44 85 06 05
- www.bed-and-breakfast-in-paris.com

Good Morning Paris

Die auf private Gästezimmer in Paris spezialisierte Agentur bietet Zimmer in typischen Quartieren an. Die Gastgeber werden sorgfältig ausgewählt.

- Tel. 01 47 07 28 29
- www.goodmorningparis.fr

Essen & Trinken

Paris hat im Schnitt eine gut verdienende Bevölkerung, die – wie alle Franzosen – bereit ist, für Essen relativ viel Geld auszugeben. So verfügt die Hauptstadt nicht nur über eine Vielzahl hochdekorierter Häuser mit drei Michelin-Sternen, sondern auch über zahlreiche Brasserien und unzählige kleine Restaurants, in denen ebenfalls exquisite Gerichte serviert werden. Die traditionelle französische Küche ist durchaus bodenständig. Deftige Eintöpfe *(cassoulet)*, Blutwurst *(boudin)* oder Innereienwürste *(andouillettes)* sind fast überall zu finden. Fleisch von Kalb *(veau)*, Lamm *(agneau)* und natürlich Rind *(bœuf)* sind etwas häufiger vertreten als Schweinefleisch *(porc)*. Geflügel *(volaille)* ist allgegenwärtig, auch in Form der Stopfleber *(foie gras)* von der Gans *(oie)* oder Ente *(canard)*.

Mittags von 12 bis 14 Uhr und abends von 19.30 bis 23 Uhr sind in den Bars, Bistros, Brasserien und Restaurants die Tische für die Kundschaft eingedeckt. Die Franzosen gehen selten vor 20.30 Uhr zum Essen. In Bars, Cafés und Bistros isst man meistens billiger und »schneller«. Tagesmenüs *(menu du jour)* oder -gerichte *(plat du jour)* sind hier erschwinglicher als in Restaurants oder Brasserien. Dort ist allerdings die Auswahl auf der Speisekarte größer. Die Brasserien, eigentlich Bierbrauereien, brachten nach 1871 die Elsässer mit nach Paris, doch sind sie heute vor allem bekannt für ihr Angebot an guten Weinen, Fisch *(poisson)* und Meeresfrüchten *(fruits de mer)* wie Austern *(huitres)* oder Muscheln *(moules)*.

Le Grand Véfour, einer der großen Pariser Gourmettempel

SPECIAL

Mit Kindern in der Stadt

Das Angebot an Aktivitäten für Kinder in Paris ist groß. Mittwochs, wenn französische Grundschüler freihaben, trifft man sie vor allem im Parc de la Villette oder im Jardin du Luxembourg. Aber auch für Familien auf Besuch in Paris gibt es viel zu erleben

Paris erkunden

Spannend wird die Entdeckung von Paris mit den **offenen Doppeldeckerbussen**, den Cars Rouges (www.carsrouges.com, › S. 140), die alle 10–15 Min. die wichtigsten Sehenswürdigkeiten passieren.

Aufregend ist auch eine Fahrt mit der computergesteuerten und somit führerlosen **Metrolinie 14.** Wer sich ganz nach vorn setzt, kann sich wie der Fahrer fühlen.

Eine senkrechte Fahrt unternimmt man im Aufzug des Hochhauses **Tour Montparnasse** › S. 113 (tgl. 9.30–23.30 Uhr, 1.10.–31.3. bis 22.30, Fr, Sa bis 23 Uhr, www.tourmontparnasse56.com/de). In 38 Sekunden geht es auf die 56. Etage hinauf. Von der Panoramaterrasse in 210 m Höhe reicht der Blick bei klarer Sicht 40 km weit.

Gemütlicher geht's zu auf einer **Bootsfahrt** (2,5 Std.) zum Parc de la Villette › S. 124. Viele Schleusen werden passiert, und auf einer Strecke von 2 km fährt das Schiff unterirdisch (März–Okt. tgl. 9.30 und 14.25 Uhr ab Musée d'Orsay; Eintritt 19 €, Kinder 12 €, www.pariscanal.com).

Spielend lernen

In der **Cité des Sciences et de l'Industrie** › S. 125, dem Pariser Technikmuseum im Parc de la Villette, gibt es auch die Cité des enfants. Ein Spielparcours für die Zwei- bis Siebenjährigen und ein weiterer für die Fünf- bis Zwölfjährigen vermittelt spielerisch technisches Wissen (tgl. außer Mo 10, 11.45, 13.30, 15.15 Uhr, Sa, So 10.30, 12.30, 14.30, 16.30 Uhr, Ticketbestellung unter www.cite-sciences.fr). Eintrittsfrei kann natürlich draußen gespielt werden.

Nebenan liegt das **IMAX-Kino La Géode,** in dem spannende 3-D-Filme gezeigt werden (Di–Do 10.30 bis 18.30, Fr–So 10.30–20.30 Uhr, www.lageode.fr).

Das Innere des 400 Tonnen schweren **U-Boots** »Argonaute«, das 1989 neben der Géode »vor Anker ging«, steht ebenfalls für Besucher offen (tgl. außer Mo 10–17.30 Uhr).

Im Jardin du Luxembourg

Dieser große Park › S. 112 auf der Rive Gauche ist ein Eldorado für Kinder (geöffnet je nach Saison 7.30–21.30 bzw. 8.15–16.30 Uhr). Hölzerne Segelschiffchen können ausgeliehen und im zentralen Wasserbassin des Parks auf große Fahrt geschickt werden. Der Wind besorgt den Rest.

Im zentralen **Jardin d'enfants** (Eintritt) gibt es aufregende Spielgeräte für jedes Alter und jeden Geschmack. Im **Théâtre des Marionnettes** herrscht meistens Andrang (Mi 15.30, Sa, So auch 11 Uhr, mindestens 20 Min. vorher dort sein!).

Spannende Museen

Im **Musée de la Magie** im Marais geht es natürlich magisch wie bei David Copperfield zu – die illusionistischen Spiegel werden begeistern (11, rue St-Paul, Ⓜ St-Paul, Tel. 01 42 72 13 26, www.museedelamagie.com, Mi, Sa, So 14–19 Uhr).

Die **Grande Galerie de l'Evolution** im Muséum National d'Histoire Naturelle › S. 104 (Ⓜ Jussieu) veranschaulicht auf spannende Weise die Geschichte der Evolution.

Pariser Fauna

Die Menagerie im Jardin des Plantes › S. 105 ist der **älteste Zoo der Welt** und stammt bereits aus dem 17. Jh. (tgl. 9–17.30 Uhr).

Das **Aquarium Tropical** im Palais de la Porte Dorée entstand zur Kolonialausstellung von 1931. Noch heute können hier die Pariser die tropische Unterwasserwelt kennenlernen (293, ave. Daumesnil, Ⓜ Porte Dorée, www.aquarium-portedoree.fr, tgl. außer Mo 10 bis 17.30, Sa, So bis 19 Uhr).

Sportlich, sportlich …

Aquaboulevard nennt sich das große Pariser Spaßbad, ein künstliches Tropenparadies mit 29 °C Wassertemperatur (4, rue Louis Armand, Ⓜ Balard, www.aquaboulevard.com, tgl. 9–23, Fr, Sa bis 24, Sa, So ab 8 Uhr, letzter Einlass 21 Uhr).

Zielstrebiges Zusteuern auf einen freien Platz wird in Pariser Restaurants gar nicht gern gesehen. GÄSTE BEKOMMEN EINEN TISCH ZUGEWIESEN! Will man nur rasch ein Sandwich verspeisen, bietet sich auch der Tresen in einer Bar oder einem Café an. Im Stehen isst und trinkt es sich billiger. Die Rechnung im Restaurant wird für alle am Tisch ausgestellt, Einzelabrechnungen sind unüblich. Trinkgelder lässt man auf dem Tisch oder Tresen liegen, nachdem man sein Wechselgeld erhalten hat.

Pariser Gourmettempel

Le Grand Véfour ●●●

Erst-! klassig

Sternekoch Guy Martin wacht über eine exzellente Küche und ein denkmalgeschütztes Ambiente aus der Epoche Kaiserin Josephines. Hier werden Gaumen und Auge der Gäste gleichermaßen verwöhnt.

- 17, rue de Beaujolais
- Ⓜ Palais Royal
- Tel. 01 42 96 56 27
- www.grand-vefour.com
- Mo–Fr 12–14 und 20–22 Uhr

La Tour d'Argent ●●●

Der »Silberturm« kann auf eine über 400 Jahre alte Tradition zurückblicken; zahlungskräftige Gäste schauen durch die Panoramafenster auf den Chor der nahen Kathedrale Notre-Dame. Berühmt sind die Entengerichte des Hauses.

- 15–17, quai de la Tournelle
- Ⓜ Pont Marie
- Tel. 01 43 54 23 31
- www.tourdargent.com
- Di–Sa 12–13.30 und 19.30–21.30 Uhr

Le Train bleu ●●–●●●

1901 zur Weltausstellung eröffnet, steht das Restaurant schon lange unter Denkmalschutz › S. 124. Das überladene Belle-Epoque-Ambiente tröstet darüber hinweg, dass man hier gute, aber keine Sterneküche serviert bekommt.

- In der 1. Etage der Gare de Lyon

Festlich gedeckt empfängt das Restaurant Bofinger seine Gäste

- Ⓜ Gare de Lyon
- Tel. 01 43 43 09 06
- www.le-train-bleu.com
- tgl. 11.30–15, 19–23 Uhr, Bar 7.30–23 Uhr, Sa und So ab 9 Uhr

Typisch französische Küche

Frenchie Restaurant ●●

Traditionelle französische Gerichte mit viel Fantasie und Talent neu komponiert. In der Küche des jungen Chefkochs Grégory Marchand bläst ein frischer Wind.

- 5–6, rue du Nil
- Ⓜ Sentier
- Tel. 01 40 39 96 19
- www.frenchie-restaurant.com
- Mo–Fr 19–22.30 Uhr

Aux Lyonnais ●●

Der Bistrot-Star am Sternenhimmel des Chefkochs Alain Ducasse, der dieses hundertjährige Traditionslokal vor der Schließung bewahrt hat. Ducasse kocht hier nicht selbst, deshalb bleibt es bezahlbar.

- 32, rue St Marc
- Ⓜ Richelieu Drouot
- Tel. 01 42 96 65 04
- www.auxlyonnais.com
- Di–Sa 19.30–22 Uhr, Di–Fr auch 12–14 Uhr.

Bofinger ●●

Monsieur Bofinger wagte hier 1864 eine eigenwillige Speisekreation: Sauerkraut mit Meeresfrüchten, auch heute noch ein Kassenschlager. Das Ganze im reinsten Belle-Epoque-Dekor mit viel geschliffenem Glas, Kupfer, Lederbänken und vielen Spiegeln.

- 5–7, rue de la Bastille
- Ⓜ Bastille
- Tel. 01 42 72 87 82
- www.bofingerparis.com
- tgl. 12–15 und 18.30–24 Uhr, So 12–24 Uhr

Schräg gegenüber isst man ebenfalls gut im **Petit Bofinger ●–●●**, das Ambiente spiegelt hier die 1950er-Jahre.

- 6, rue de la Bastille

Brasserie Flo ●●

Zweifellos eine Pariser Institution, mit dem Bofinger einer der Klassiker unter den Pariser Brasserien.

Erst-! klassig

- 7, cour des Petites-Ecuries
- Ⓜ Château-d'Eau
- Tel. 01 47 70 13 59
- www.floparis.com
- tgl. 12–15 und 19–1.30 Uhr

La Coupole ●●

Die größte Pariser Brasserie, in der man schon Picasso, Giacometti oder Hemingway sitzen sah, als der Montparnasse in den 1920er-Jahren dem Montmartre den Rang ablief.

- 102, blvd. du Montparnasse
- Ⓜ Vavin
- Tel. 01 43 20 14 20
- www.lacoupole-paris.com
- tgl. 8.30–24 Uhr

Le Bistrot de Paris ●●

Typisches Pariser Bistrot, das seine Einrichtung seit 50 Jahren beibehalten zu haben scheint. Klassiker der deftigen französischen Küche kommen hier auf den Tisch, von den Eiern mit hausgemachter Mayonnaise bis zu den panierten Schweinefüßen.

- 33, rue de Lille
- Ⓜ Solférino
- Tel. 01 42 61 16 83
- Di–Sa 12–14.30 und 19–23.30 Uhr

Lipp ●●

Einst von Künstlern, heute von Politikern gern besuchte Brasserie aus der Zeit um 1900 mit klassisch französischer Küche.

- 151, blvd. St-Germain
- Ⓜ St-Germain des Prés
- Tel. 01 45 48 53 91
- tgl. 9–1 Uhr

Au Petit Riche ●●

Blank poliertes Messing, Spiegel, Holzvertäfelungen und Spitzengardinen – typischer für Paris kann ein Restaurant kaum sein. Die Weinkarte bestimmen Gewächse von der Loire.

- 25, rue Le Peletier
- Ⓜ Le Peletier
- Tel. 01 47 70 68 68
- www.aupetitriche.com
- tgl. 12–14 und 19–24 Uhr

Erst-klassig

Die typischsten Pariser Brasserien

- **La Coupole** › S. 25
  Auch spät am Abend bekommt man im Art-déco-Ambiente dieser größten aller Pariser Brasserien noch etwas zu essen.
- **Bofinger** › S. 25
  Warum nur gibt es hier so viele Spiegel? Nicht für eitle Gäste, sondern um den Raum optisch zu vergrößern. Unter der Glaskuppel isst es sich am stilvollsten.
- **Brasserie Flo** › S. 25
  Versteckt liegt das Flo in einem multikulturellen Viertel von Paris, aber um so traditioneller ist hier die Küche.
- **Brasserie Lipp** › S. 26
  Sie wurde (und wird) gern als die »Kantine von St-Germain« bezeichnet, die Stammkundschaft kommt aus dem nahen Regierungsviertel.
- **Brasserie Wepler** › S. 26
  Diese Brasserie gibt sich eher bescheiden und wirkt daher sehr einladend, gehört jedoch zu den ältesten von Paris.

Wepler ●●

Das Wepler ist seit über 100 Jahren eine Institution an der lebhaften Place de Clichy, nicht weit von Montmartres Place Pigalle entfernt. Unter der roten Markise warten allerlei Meeresfrüchte, v. a. aber Austern, auf ihren baldigen Verzehr.

- 14, pl. de Clichy
- Ⓜ Place de Clichy
- Tel. 01 45 22 53 24
- www.wepler.com
- tgl. 8–1 Uhr

Chartier ●

Seit über 100 Jahren ist das Chartier eine Adresse für Stammgäste, die nicht gern allein zu Hause essen. Hier geht's schnell und ist sehr günstig. Man steht Schlange für sehr einfache Hausmannskost, die in einem riesigen Belle-Epoque-Saal mit roten Sitzbänken von hektischen, aber effizienten Kellnern serviert wid.

- 7, rue du Faubourg Montmartre
- Ⓜ Grands Boulevards
- Tel. 01 47 70 86 29
- www.restaurant-chartier.com
- tgl. 11.30–22 Uhr

Mon Oncle ●

Sehr trendy geht es hier zu, aber darunter leidet die Küche keineswegs. Im kleinen, aber feinen Angebot finden sich etwa Risotto mit Steinpilzen oder die klassische Entenbrust, aber mit Datteln.

- 3 rue Durantin
- Ⓜ Abbesses
- Tel. 01 42 51 21 48
- tgl. ab 20 Uhr

Biorestaurants

Bioboa ●

Alles vom Veggie-Burger bis zum biologischen Wok-Gericht, natürlich mit Tofu und zu erschwinglichen Preisen.

- 93, rue Montmartre
- Ⓜ Bourse
- Tel. 01 40 28 02 8
- www.bioboa.fr
- So, Mo 11–17 Uhr, Di–Sa 11–16 und 19–24 Uhr

Soya Cantine Bio ●

Puristisch eingerichtetes kleines Lokal mit kreativer und internationaler Bioküche; meist junges Publikum.

- 20, rue de la Pierre Levée
- Ⓜ République oder Goncourt
- Tel. 01 48 06 33 0
- www.soya75.fr
- Mo–Fr 12–15.30, Di–Sa auch 19 bis 23 Uhr, Sa, So 11.30–16 Uhr (Brunch)

Internationale Küche

L'Alcazar ●●

Vom britischen Designpapst Sir Terence Conran zur schicken Restaurantadresse umgestaltete ehemalige Druckerei des 19. Jhs. Serviert wird internationale Haute Cuisine.

- 62, rue Mazarine
- Ⓜ Odéon
- Tel. 01 53 10 19 99
- www.alcazar.fr
- tgl. 12–14.30 und 19–1 Uhr, am Wochenende bis 2 Uhr

Chez Marianne ●●

Eine Institution im Marais mit riesigem Angebot an Vorspeisen aus dem östlichen Mittelmeerraum – berühmt sind die Falafel. Die Rue des Rosiers, Hauptschauplatz des jüdischen Lebens im Marais, liegt direkt um die Ecke.

Erst-! klassig

- 2, rue des Hospitalières St Gervais
- Ⓜ Hotel de Ville
- Tel. 01 42 72 18 86
- tgl. 12–24 Uhr

Unico ●●

Wohin passt ein auf Fleischgerichte spezialisiertes Restaurant besser als in eine ehemalige Metzgerei? In einem Ambiente mit orangefarbenen Lampen und Fliesen im Schick der 1970er-Jahre kommen üppige Portionen der argentinischen Küche auf den Tisch.

- 15, rue Paul Bert
- Ⓜ Faidherbe – Chaligny
- Tel. 01 43 67 68 08
- www.resto-unico.com
- Di–Sa 12.30–14.30, Mo–Sa 20–23 Uhr

Lao Siam ●

Ausgezeichnete thailändische Küche, für die Stammgäste gern abends Schlange stehen. Wegen der eher kitschigen Innendekoration kommen sie sicher nicht.

- 49, rue de Belleville
- Ⓜ Belleville
- Tel. 01 40 40 09 68
- tgl. 12–15 und 19–23.30 Uhr

Weinlokale

Bistro Volnay ●●

Ein Bistrot der anderen Art. Gediegene Atmosphäre, ausgezeichnetes Essen und vorzügliche Weine, von einer jungen Equipe stilvoll präsentiert.

- 8, rue Volney
- Ⓜ Opéra
- Tel. 01 42 61 06 65
- Mo–Fr 12–14.30 und 19–22.30 Uhr

Que du bon ●●

Geht es hier mehr ums Essen oder um den Wein? Die Weinkarte ist so reichhaltig, wie die Speisen exzellent sind – immer noch ein Geheimtipp im Pariser Nordosten.

- 22, rue du Plateau
- Ⓜ Buttes Chaumont
- Tel. 01 42 38 18 65
- www.quedubon-production.com
- tgl. 12–14.30 und Mo–Sa 20–22.30 Uhr.

Aux bons crus ●

Hier dreht sich alles um edle und gute Weine (*bons crus*). Zum guten Tropfen serviert man große Wurst- und Käseteller aus den einzelnen Regionen Frankreichs.

- 7, rue des Petits-Champs
- Ⓜ Bourse
- Tel. 01 42 60 06 45
- Mo–Sa 12–15 und 19–23

Le Rubis ●

Große Holzfässer vor dem Eingang locken in dieses Bistro, das zu den ältesten des Viertels gehört. Die deftigen und preiswerten Gerichte reichen vom Linseneintopf bis zur Schweinehaxe.

- 10, rue du Marché St-Honoré
- Ⓜ Pyramides
- Tel. 01 42 61 03 34
- Mo–Fr 7–22, Sa 9–15.30 Uhr, über Weihnachten und im August geschl.

Taverne Henri IV ●

Eine winzige Weinbar mit moderaten Preisen mitten in der Innenstadt? Am Pont-Neuf im Schatten der Reiterstandbilds von Heinrich IV. hat die gleichnamige Taverne die Zeiten überdauert.

- 13, place du Pont-Neuf
- Ⓜ Pont-Neuf
- Tel. 01 43 54 27 90
- Mo–Fr 11–23, Sa 11–17 Uhr, im August geschl.

Berühmt für seine macarons: das Ladurée

Cafés und Salons de Thé

Angélina ●●

Das 1903 von Antoine Rumpelmeyer gegründete Café ist berühmt für sein authentisches Dekor, v. a. aber für heiße Schokolade und zuckersüßen »Mont-Blanc«: Meringue mit Schlagsahne, überzogen mit Kastanienpüree.

- 226, rue de Rivoli
- Ⓜ Tuileries
- Tel. 01 42 60 82 00
- tgl. 9–19 Uhr

A Priori Thé ●●

Gemütlicher Teesalon, der unter dem Glasdach der lichtdurchfluteten Galerie Vivienne › S. 80 einige Tische aufgestellt hat.

- 35/37, Galerie Vivienne
- Ⓜ Bourse
- Tel. 01 42 97 48 75
- tgl. 12–18, Sa 9–18.30, So ab 12 Uhr

Café de Flore ●●

Erst-klassig

Sartre und Camus haben hier schon viel Kaffee getrunken, diskutierend über ihre Manuskriptseiten gebeugt. Das Café im Stil der 1930er-Jahre ist ein »Muss« beim Eintauchen ins Viertel St-Germain-des-Prés.

- 172, blvd. St Germain
- Ⓜ St-Germain des Prés
- Tel. 01 45 48 55 26
- www.cafe-de-flore.com
- tgl. 7–1 Uhr

Les Deux Magots ●●

Früher das Literatencafé schlechthin, denn schon 1933 wurde hier ein Literaturwettbewerb ins Leben gerufen. Heute sind es eher die Paris-Besucher, die im »Aquarium«, der verglasten Terrasse, ihren sündhaft teuren Kaffee schlürfen.

- 6, place St-Germain-des-Prés
- Ⓜ St-Germain-des-Prés
- Tel. 01 45 48 55 25
- www.lesdeuxmagots.fr
- tgl. 7.30–1 Uhr

Ladurée ●●

Das 1862 von Louis Ernest Ladurée als einfache Bäckerei eröffnete Geschäft verwandelte sich zur Zeit Baron Haussmanns in eine Konditorei. *Macarons* sind seither die Spezialität von Ladurée, und die (teuren) Frühstücke ein Genuss am frühen Morgen.

Kaffee und Kuchen »à la française«

Erst-klassig

- **Café de Flore** › S. 29
  Hier haben einst schon berühmte Zeitgenossen zur Kuchengabel gegriffen, und deshalb schmeckt vielen der Kuchen noch besser.
- **Les Deux Magots** › S. 29
  Sind es die vielen verschiedenen Tartes oder Blätterteigschnitten, die ins Deux Magots locken, oder doch eher der Ausblick aufs vorbeiflanierende Boulevardpublikum?
- **Angélina** › S. 29
  Spaßvögel behaupten, der Löffel bleibe in der heißen Schokolade stehen, so reichhaltig sei das Getränk. Einen Versuch ist es wert.
- **Ladurée** › S. 29
  Die echten Pariser *macarons*, eine gelungene Kreuzung aus Plätzchen und Meringuen, sollten unbedingt hier im Stammgeschäft probiert werden. Ihre Farben geben die Geschmacksrichtung an.

- 16, rue Royale
- Ⓜ Madeleine
- Tel. 01 42 60 21 79
- www.laduree.com
- tgl. 8.30–19 Uhr, Fr und Sa bis 20 Uhr, So 10–19 Uhr

Mariage Frères ●●

Die Pariser Tee-Institution seit 1854. Im ersten Stock gibt es einen stilvollen Salon, im Erdgeschoss alle erdenklichen Tees. Wer im Salon schwarzen Tee möchte, muss *un thé* bestellen, alle anderen aufgebrühten Getränke wie etwa Kräutertees heißen *infusion*.

- 30, rue du Bourg Tibourg
- Ⓜ Hotel de Ville
- Tel. 01 42 72 28 11
- www.mariagesfreres.com
- tgl. 10.30–19.30 Uhr

Shopping

In Paris waren Luxusgüter immer schon ein wichtiger Wirtschaftsfaktor. Nicht zufällig wurden sie im frühen 19. Jh. als *»articles de Paris«* bezeichnet, und hinter vielen heute berühmten Namen verbirgt sich eine lange Firmengeschichte. Doch das Pariser Konsumparadies ist natürlich nicht auf die weltberühmten Luxus- und Modemarken wie Louis Vuitton, Hermès, Dior & Co. beschränkt, sondern besticht auch durch seine *grands magasins*, die großen Kaufhäuser, und die breit gefächerte Palette des Lebensmitteleinzelhandels vom Delikatessengeschäft bis zur einfachen *fromagerie* mit ihren Hunderten von Käsesorten. Hier zeigt sich das sprichwörtliche Savoir-vivre der Franzosen besonders deutlich.

Das typische Pariser Mitbringsel gibt es nicht, sieht man einmal von Broten oder Käsereiben in Eiffelturm-Form ab. Doch ist auch die edle Kristallschale von Lalique oder der teure Seidenschal von Hermès ein Stück Paris, denn viele französische Nobelmarken haben hier ihren Hauptsitz. Süße *macarons* von Ladurée verlängern ebenso die Erinnerung an den Paris-Besuch wie die Chansons der Juliette Gréco oder die Liedtexte des jungen Shootingstars Zaz. Wem bereits ein ausgedehnter Schaufensterbummel ein Genuss ist, der kommt in der effektvoll in Szene gesetzten Vorweihnachtszeit auf dem Boulevard Haussmann auf seine Kosten.

Kaufhäuser

Galeries Lafayette

Über mehrere Straßenblocks dehnt sich das Stammhaus der Galeries Lafayette › **S. 77** aus. Auf mehreren Etagen sind Kreationen aller großen Designer zu finden. Passende Champagnerflöten zum neuen Cocktailkleid gibt's gegenüber bei Lafayette Maison.

- 40, blvd. Haussmann
- Ⓜ Chaussée d'Antin Lafayette
- www.galerieslafayette.com
- Mo–Sa 9.30–19.30, Do bis 21 Uhr

Printemps

Das riesige Kaufhaus ist ein Baudenkmal aus der Zeit Napoleons III. Eine wunderschöne Glaskuppel bekrönt das

Restaurant. Die Modeabteilung führt alle bekannten Designerlabels.

- 64, blvd. Haussmann
- Ⓜ Havre-Caumartin
- www.printemps.fr
- Mo–Sa 9.35–20, Do bis 22 Uhr

Merci

Das kleine, etwas andere Kaufhaus, angefüllt mit Designerobjekten und -klamotten. Mit den Einkünften unterstützt Merci die Ärmsten unter den Kindern auf Madagaskar.

- 111, blvd. Beaumarchais
- Ⓜ Saint Sébastien-Froissart
- www.merci-merci.com
- Mo–Sa 10–19 Uhr

Le Bon Marché

Schon Emile Zola hat dieses erste der großen Pariser Kaufhäuser in einem Roman beschrieben. In diesem einzigen *grand magasin* auf der linken Seine-Seite findet sich alles vom neuesten Modeaccessoire bis hin zum sündhaft teuren Hochzeitsgeschirr. Billig (*bon marché*) ist hier aber sicher nichts › **S. 108.**

- 24, rue de Sèvres
- Ⓜ Sèvres – Babylone
- www.lebonmarche.com
- Mo–Mi und Sa 10–20, Do und Fr 10–21 Uhr

Lebensmittelmärkte

Marché d'Aligre

Alle Sinne werden angesprochen in dieser alten überdachten Pariser Markthalle. Die Stände der Metzger, Käse- und Gemüsehändler beeindrucken im Innern, draußen geht es eher multikulturell zu – Atmosphäre garantiert › **S. 123.**

Bouquinistes am Seine-Ufer

- place d'Aligre
- Ⓜ Ledru Rolin
- http://marchedaligre.free.fr
- Di–So 9–13, Di–Fr 16–19.30, Sa 15–19.30 Uhr

Marché Boulevard Raspail

Wochenmarkt im eleganten 6. Arr.

- Zwischen Rue de Rennes und Rue du Cherche-Midi
- Ⓜ Rennes
- Di, Fr 7–14.30, So (Biomarkt) 9–15 Uhr

Marché Place des Fêtes

Riesiger Wochenmarkt vor allem mit vielen Fischständen › **S. 128**.

- Ⓜ Place des Fêtes
- Di, Fr, So 7–14.30 Uhr

Marché Brancusi

Spezialisiert auf Bioprodukte.

- place Brancusi
- Ⓜ Gaïté
- Sa 9–15 Uhr

Mode

Colette

Absolutes Muss für alle, die auf dem Laufenden bleiben wollen in Sachen Fashion und Design. »Concept Store« auf mehreren Etagen und zum Entspannen eine »Water Bar« im Untergeschoss mit mehr als 100 Mineralwassermarken aus aller Welt.

- 213, rue St Honoré
- Ⓜ Tuileries
- www.colette.fr
- Mo–Sa 11–19 Uhr

Louis Vuitton

Ein Konsumtempel der Luxusklasse und ein Paradies für alle, die edle Handtaschen lieben, ist das Stammhaus der Edelmarke Louis Vuitton.

- 101, ave. des Champs-Élysées
- Ⓜ Georges V.
- www.louisvuitton.com
- Mo–Sa 10–20 Uhr, So 11–19 Uhr

Hermès

Vom Sattlergeschäft zur Luxusmarke: Hermès ist heute für seine exquisiten Seidentücher bekannt.

- 24, rue du Faubourg-St-Honoré
- Ⓜ Madeleine
- www.hermes.com

Jean-Paul Gaultier

Nicht nur die Mode ist hier sehenswert, sondern auch die von Philippe Starck gestaltete Boutique in der Galerie Vivienne › **S. 80**.

- 6, rue Vivienne
- Ⓜ Bourse
- www.jeanpaulgaultier.com

Jérome L'Huillier

Elegante, dennoch ausgefallene junge Pariser Mode zu stolzen Preisen.

- 138–139, Galerie de Valois (Jardin du Palais Royal)
- Ⓜ Palais Royal – Musée du Louvre
- www.jeromelhuillier.com
- Mo–Sa 11–19 Uhr

Vanessa Bruno

Junger Stern am Pariser Modehimmel, schlicht und manchmal verspielt.

- 25, rue St-Sulpice
- Ⓜ St-Sulpice
- www.vanessabruno.com

Zadig & Voltaire

Die Modekreationen von Zadig & Voltaire wirken zunächst recht klassisch, auf den zweiten Blick zeigt sich aber Raffinesse, die unkonventionell und lässig daherkommt.

- 8–20, rue François 1er
- Ⓜ Franklin D. Roosevelt
- www.zadig-et-voltaire.com
- Mo–Sa 10–19 Uhr

Parfüm

Guerlain

Nach wie vor ist Guerlain eine der mondänsten und berühmtesten Parfümerien der Stadt. Das 1914 errichtete Gebäude an den Champs-Élysées ist allein schon einen Besuch wert.

- 68, ave. des Champs-Élysées
- Ⓜ Franklin-D.-Roosevelt
- www.guerlain.com

Sephora

Schier unerschöpfliche Auswahl an Parfüms und Kosmetik im größten Geschäft der französischen Handelskette Sephora.

- 70–72, ave. des Champs-Élysées
- Ⓜ Georges V.
- www.sephora.fr
- tgl. 10–24, Fr, Sa bis 1 Uhr

Shiseido Palais-Royal

Kleine, aber durchgestylte Boutique mit exotischen Düften.

- 25, rue Valois
- Ⓜ Palais Royal – Musée du Louvre
- www.salons-shiseido.com
- Mo–Sa 10–19 Uhr

Schokolade

Chocolaterie Patrick Roger

Hier gibt es neben klassischen Pralinen auch neue Kreationen mit Früchten und Gewürzen.

- 108, blvd. St-Germain

Eingang zum Stammhaus von Louis Vuitton auf den Champs-Élysées

- Ⓜ Odéon
- www.patrickroger.com
- tgl. 10.30–19.30 Uhr

Chocolat Michel Cluizel

Das 1987 eröffnete Haus ist der Klassiker unter den Pariser Chocolatiers mit Familientradition.

- 201, rue Saint-Honoré
- Ⓜ Tuileries
- www.cluizel.com
- Mo–Sa 10–19 Uhr

Wein

Les Caves Taillevent

Das exklusivste Weingeschäft in Paris mit kaum überschaubarer Auswahl.

- 199, rue du Faubourg St-Honoré
- Ⓜ Ternes
- Di–Sa 10–19.30 Uhr

Legrand Filles & Fils

Von der idealen Dekantierkaraffe über elegante Gläser bis hin zur Verkostung von edlen Gewächsen aus Frankreich und der ganzen Welt gibt es hier alles, was mit der Welt des Weins zu tun hat.

- 1, rue de la Banque
- Ⓜ Bourse
- www.caves-legrand.com
- Mo 11–19, Di–Fr 10–19.30, Sa 10–19 Uhr

Käse

Fromagerie Lepic

Ein Käsehändler, wie er im Buche steht, in der lebhaftesten Lebensmittelmeile des Montmartre.

- 20, rue Lepic
- Ⓜ Blanche
- Di–Sa 8.30–12.30 und 15.30–20 Uhr, So 8.30–12.30, Mo geschl.

Androuet

Edle Fromagerie für die kulinarische Käsetour durch Frankreich.

- 134, rue Mouffetard
- Ⓜ Censier – Daubenton
- Di–Fr 9.30–13 und 16–19.30 Uhr, Sa 9.30–19.30, So 9.30–13 Uhr

Küche und Kochen

E. Dehillerin

Erste Adresse, wenn es um professionelle Küchengeräte geht.

- 18–20, rue Coquillière
- Ⓜ Les Halles
- www.e-dehillerin.fr
- Di–Sa 9–18, Mo 9–12.30, 14–18 Uhr

Izrael Epicerie du Monde

Auf jedem Quadratzentimeter stehen duftende Kräuter und Gewürze aus der ganzen Welt.

- 30, rue François-Miron
- Ⓜ St-Paul
- Di–Sa 9.30–13 und 14.30–19, Sa 9–19 Uhr

La Grande Epicerie

Alles, was man vielleicht irgendwann und irgendwo mal auf einer Urlaubsreise gekostet hat, bekommt man hier: vom skandinavische Mineralwasser in ausgefallener Flasche bis zur exotischen Frucht.

- 38, rue de Sèvres
- Ⓜ Sèvres-Babylone
- www.lagrandeepicerie.fr
- Mo–Sa 8.30–21 Uhr

SEITENBLICK

Großmarkt Rungis für Frühaufsteher

Der Besuch der Pariser Großmarkthallen im südlichen Vorort Rungis, einer der größten Märkte der Welt, ist ein Muss für alle, die gern kochen oder vor allem des guten Essens wegen nach Paris kommen. Auf 232 ha verteilt liegen die Hallen für Fisch, Fleisch, Käse, Früchte, Gemüse und Blumen. Jeden zweiten Freitag im Monat (außer August) fährt ein Bus von der Place Denfert-Rochereau um 4.30 Uhr morgens nach Rungis, vorausgesetzt, dass sich mindestens 25 Teilnehmer übers Internet oder telefonisch für die von einem Experten geleitete Rungis-Führung gemeldet haben (www.visiterungis.com, Tel. 03 83 50 10 85; 80 € pro Person). Um 8 Uhr gibt es ein deftiges Markthallenfrühstück mit Wurst, Käse, Wein (!) und Café.

Antiquitäten und Trödel

Village St-Paul

Antiquitäten aller Art und jeden Alters bis in die 1970er-Jahre finden sich im Angebot in einem historischen Quartier mitten im Marais-Viertel.

- Zwischen Seine, Rue Charlemagne, Rue des Jardins de St-Paul und Rue St-Paul
- Ⓜ St-Paul
- www.levillagesaintpaul.com
- tgl. außer Mo 10–19 Uhr

Carré Rive Gauche

Die vielleicht exklusivsten Antiquitätengeschäfte finden sich im Carré Rive Gauche im 7. Arrondissement zwischen Quai Voltaire, Rue des Saints-Pères, Rue de Beaune und Rue de Lille.

- Ⓜ St-Germain des Prés
- www.carrerivegauche.com

Marché aux puces de St-Ouen

Erst-Klassig

Nach eigenen Angaben der größte Flohmarkt der Welt, jedenfalls nicht an einem einzigen Tag zu bewältigen. Der absolut schönste Teil mit seinen kleinen Gässchen und den vollgestopften Läden liegt etwas jenseits der Stadtgrenze im Vorort St-Ouen.

- Ⓜ Porte de Clignancourt
- www.les-puces.com
- Sa–Mo 7–19.30 Uhr

Antiquariate

Librairie Bonnefoi

Eine Institution für Liebhaber alter Bücher zu fast allen Wissensgebieten, von Alchimie bis Utopie.

- 1–3, rue de Médicis
- Ⓜ Odéon
- www.bonnefoi-livres-anciens.com
- Mo–Fr 10–12.30 und 14–19 Uhr

Marché du livre ancien et d'occasion

Büchermarkt für Raritätensammler, die nach vergriffenen Auflagen, seltenen Romanausgaben oder Comics fahnden.

- rue Brancion im Parc Georges-Brassens
- Ⓜ Porte de Vanves
- Sa, So 9–18 Uhr

Bücher und CDs

FNAC

- Riesige Auswahl an aktuellen Büchern, CDs und DVDs in den großen Filialen in Paris, z. B.
- im Forum des Halles | Ⓜ Les Halles,
- oder am Montparnasse: 136, rue de Rennes | Ⓜ St-Placide,
- oder an der Gare Saint-Lazare: passage du Havre, 109, rue Saint-Lazare, Ⓜ St-Lazare.
- www.fnac.com
- Mo–Sa 10–19.30, Do, Fr bis 20.30 Uhr

Musée du Louvre

Museumsbuchhandlung mit riesiger Auswahl an Kunstbüchern und Kunstzeitschriften › S. 66.

Marissal

Wer auf der Suche nach deutschsprachiger Lektüre ist, wird hier fündig.

- 42, rue Rambuteau
- Ⓜ Rambuteau
- Mo–Sa 10.30–19.30 Uhr

Shakespeare & Co

Originelle, 1951 gegründete Buchhandlung im Quartier Latin.

- 37, rue de la Bûcherie
- Ⓜ Maubert-Mutualité
- www.shakespeareco.org
- tgl. 10–23 Uhr, Sa, So ab 11 Uhr

Am Abend

Das Pariser Nachtleben ist anspruchsvoll, bunt und abwechslungsreich. Allerdings ist das Preisniveau meist hoch, und alternatives, preisgünstiges oder sogar kostenloses Kulturschaffen findet sich in Paris weitaus seltener als etwa in Berlin. Die französische Hauptstadt profitiert nach wie vor von ihrem ausgezeichneten Ruf als Kunst- und Kulturmetropole. Als Impulsgeber oder Trendsetter ist Paris hingegen heutzutage weniger bekannt.

Über 100 Theater konkurrieren in Paris allabendlich um die Gunst des Publikums. Opern, Ballettabende oder klassische Konzerte bieten weiteren Genuss. Orgelkonzerten kann man (meist kostenlos) in den Kirchen Notre-Dame, St-Eustache, St-Sulpice oder Madeleine lauschen. Auch in der Sainte-Chapelle steht Klassik auf dem Programm.

Oper, Theater, Konzerte

Opéra national de Paris – Opéra Bastille

Die Pariser Nationaloper am Place de la Bastille ist eines der weltgrößten Opernhäuser, mit klassischem Repertoire › **S. 122.**

- 120, rue de Lyon
- Ⓜ Bastille
- Tel. 08 92 89 90 90
- www.operadeparis.fr

Opéra national de Paris – Palais Garnier

In der alten Oper gibt es v. a. klassisches Ballett › **S. 77.**

- place de l'Opéra | Ⓜ Opéra
- Tel. 08 92 89 90 90
- www.operadeparis.fr

Théâtre des Champs-Élysées

Theaterbau von 1913 für Opern, Ballette und Konzerte › **S. 93.**

Pracht der Belle Epoque: Das Palais Garnier (Opéra national de Paris)

- 15, ave. Montaigne
- Ⓜ Alma-Marceau
- Tel. 01 49 52 50 50
- www.theatrechampselysees.fr

Comédie Française
Der Musentempel Frankreichs. Im Foyer steht der Stuhl, auf dem Molière der Tod ereilte – mitten in einer Vorstellung seines Stücks »Der eingebildete Kranke«.
- 1, place Colette
- Ⓜ Palais-Royal – Musée du Louvre
- Tel. 08 25 10 16 80
- www.comedie-francaise.fr

Bouffes du Nord
Aus dem »Centre International de Recherche Théâtrale« hervorgegangenes Theater des international bekannten und äußerst experimentierfreudigen Regisseurs Peter Brook.
- 37 bis, blvd. de la Chapelle
- Ⓜ La Chapelle
- Tel. 01 46 07 34 50
- www.bouffesdunord.com

Salle Pleyel
Hauptkonzertsaal des Orchestre de Paris von 1927, der 2007 eine Generalrenovierung erfuhr.
- 252, rue du Faubourg-St-Honoré
- Ⓜ Ternes
- Tel. 01 42 56 13 13
- www.sallepleyel.fr

Cité de la Musique
Konzerte klassischer und zeitgenössischer Musik auf dem Gelände des Parc de la Villette › **125**.
- 221, ave. Jean-Jaurès
- Ⓜ Porte de Pantin
- Tel. 01 44 84 44 84
- www.cite-musique.fr

Bars, Clubs und Diskotheken

Social Club
Undergroundclub mit breit gefächertem Musikprogramm und Publikum in einer ehemaligen Druckerei.
- 142, rue Montmartre
- Ⓜ Bourse oder Grands Boulevards
- Tel. 01 40 28 05 55
- www.parissocialclub.com
- Mi–Sa 23–6 Uhr

Udobar
Deutsche mit Heimweh sind in der Udobar mit einem Hauch Berlinflair richtig. Pariser Undergroundclub bei Currywurst und Kölsch – aber nicht nur.
- 4 bis, rue Neuve-Popincourt
- Ⓜ Parmentier
- Tel. 01 49 29 06 36
- www.udobar.com
- Di–Sa 18.30–2 Uhr.

SEITENBLICK

Für Kinofreunde
Ein Lieblingszeitvertreib der Pariser bleibt der Kinobesuch. Mit über 300 Lichtspielhäusern ist die Auswahl überwältigend. Ausländische Filme werden oft mit französischen Untertiteln gezeigt. Eine gute Gelegenheit, sich einige denkmalgeschützte Pariser Kinopaläste näher anzusehen: **La Pagode** (57, rue de Babylone, Ⓜ Saint-Francois-Xavier) aus der Zeit um 1900 imitiert eine japanische Pagode und ist erst seit den 1930er-Jahren ein Kino, während das grandiose **Grand Rex** (1, blvd. Poissonnière, Ⓜ Bonne Nouvelle, www.legrandrex.com) mit 2650 Plätzen schon als Kinopalast erbaut wurde.

Jazzclub Caveau de la Huchette

Ice Kube

Zutritt nur mit Reservierung und Daunenjacke, denn hier herrschen permanent minus 10 °C! Für 38 € Eintritt kann man während 30 Minuten vier Greygoose-Wodka runterstürzen. Manch einer soll danach schon Eisbären gesehen haben.

- 1–5, passage Ruelle
- Ⓜ La Chapelle
- Tel. 01 42 05 20 00
- www.kubehotel.com
- Mi–Sa 19–2 Uhr

Murano Bar

Pariser Lounge-Adresse schlechthin mit fast unbegrenzter Cocktailauswahl. Musik und Publikum sind ultracool.

- 13, blvd. du Temple
- Ⓜ République
- Tel. 01 42 71 20 00
- www.muranoresort.com
- tgl. 7–2 Uhr

Le Baron

Hier feiern auch gerne internationale Promis die Nacht durch, wenn sie in Paris sind. Einlass in diesen angesagten, aber nicht großen Club nur nach strenger Gesichtskontrolle.

- 6, Avenue Marceau
- Ⓜ Alma-Marceau
- Tel. 01 47 20 04 01
- www.clublebaron.com
- tgl. 23 Uhr bis zum Morgengrauen

ChaCha Club

Szenetreff mit Restaurant und sehr gemischtem Publikum, das in gediegener Atmosphäre ausgelassen feiert.

- 47, rue Berger
- Ⓜ Louvre Rivoli
- Tel. 01 40 13 12 12
- www.chachaclub.fr
- Di–Sa 20–6 Uhr

Rexclub

Einer der besten Techno-Clubs weltweit hat seine Räumlichkeiten unter dem Rex-Kinopalast.

- 5, blvd. Poissonnière
- Ⓜ Bonne Nouvelle
- Tel. 01 42 36 10 96
- www.rexclub.com
- Mi–Sa 23.30–7 Uhr.

Le Cab'

Im Club herrscht Raumschiffambiente, gestylt vom Designerbüro Ora Ito. Einlass in diese futuristische Diskothek nur nach strenger Gesichtskontrolle.

- 2, place du Palais-Royal
- Ⓜ Palais-Royal – Musée du Louvre
- Tel. 01 58 62 56 25
- www.cabaret.fr
- Di–Sa 19–5 Uhr

Tanz, Cabaret und Chanson

Chez Raymonde

Abendessen, Cabaret und anschließend Livemusik mit Akkordeon, Klavier und Bandoneon. Dann heißt es Damenwahl bei Tango, Paso oder Walzer.

- 119, ave. Parmentier
- Ⓜ Parmentier
- Tel. 01 43 55 26 27
- www.chez-raymonde.com
- Fr, Sa 19.30–1 Uhr, nur mit Reservierung

Lido de Paris

Viel Glamour – der Pariser Klassiker unter den aufwendig inszenierten Tanzrevuen › S. 91.

- 116, ave. des Champs-Élysées
- Ⓜ George V
- Tel. 01 40 76 56 10
- www.lido.fr
- Revuen 21.30 und 23.30 Uhr

Moulin Rouge

Seit seiner Eröffnung 1889 in Paris beinahe so berühmt wie der Eiffelturm. Von hier aus trat der französische Cancan seinen Siegeszug an › S. 86.

- 82, blvd. de Clichy
- Ⓜ Blanche
- Tel. 01 53 09 82 82
- www.moulinrouge.com
- Revuen um 21 und 23 Uhr

Olympia

Zum Glück vor dem Abriss geretteter legendärer Pariser Konzertsaal, den Kultusminister Jack Lang 1993 zum Nationalen Kulturgut erklärte; v. a. Auftritte französischer Chansoniers.

- 28, blvd. des Capucines
- Ⓜ Madeleine
- Tel. 0892 68 33 68
- www.olympiahall.com

Le Vieux Belleville

Wer Akkordeonmusik und Chansons hören möchte, ist hier richtig.

- 12, rue des Envierges
- Ⓜ Pyrénées
- Tel. 01 44 62 92 66
- www.le-vieux-belleville.com
- Mo–Fr 11–15, Do–Sa 20–2 Uhr

Jazzclubs

Le Caveau de la Huchette

Über 60 Jahre Jazztradition vom Feinsten in jahrhundertealten Gewölben.

- 5, rue de la Huchette
- Ⓜ Cité
- Tel. 01 43 26 65 05
- www.caveaudelahuchette.fr
- tgl. 21.30–2.30 Uhr, Do–Sa bis in den frühen Morgen

Le Duc des Lombards

Der Club mit Restaurant ist der Haupttreffpunkt der lebendigen Pariser Jazzszene.

- 42, rue des Lombards
- Ⓜ Châtelet
- Tel. 01 42 33 22 88
- www.ducdeslombards.com
- tgl. Konzerte ab 20 Uhr

SEITENBLICK

Was passiert in Paris wann und wo?

Im *Pariscope* oder *L'Officiel* steht's: Die beiden Heftchen zu je 0,40 € gibt's immer mittwochs an jedem Kiosk, und sie listen wöchentlich sämtliche (!) Veranstaltungen in Paris auf (Kino, Ausstellungen, Konzerte, Theater, Oper etc.).

LAND & LEUTE

Blick vom Quai de la Tournelle auf Notre-Dame im Sonnenuntergang

STECKBRIEF

- **Fläche:** 105,16 km²
- **Geografische Lage:** 2° 21′ östlicher Länge und 48° 52′ nördlicher Breite (wie Stuttgart)
- **Einwohnerzahl:** 2,2 Mio., der Großraum zählt 11,5 Mio.
- **Bevölkerung:** überwiegend Franzosen, aber der Ausländeranteil beträgt 15 %, wobei die Asiaten die größte ausländische Bevölkerungsgruppe stellen
- **Bevölkerungsdichte:** mit 20 426 Einwohnern pro km² einer der am dichtesten besiedelten Stadträume Europas
- **Verwaltungseinheiten:** Paris ist in 20 Arrondissements unterteilt
- **Sprache:** Französisch
- **Religion:** Katholisch getauft sind die meisten Franzosen, doch Kirchgänger sind die wenigsten. Die zweitstärkste Religion stellt der Islam dar.
- **Landesvorwahl:** 00 33
- **Währung:** Euro (€)
- **Zeitzone:** MEZ

Lage und Struktur

Paris liegt in einer Senke, die nach Norden hin durch zwei zur Stadt gehörende Hügel begrenzt wird. Sie steigen bis auf knapp 130 m am Montmartre und im Stadtteil Belleville an. Weitere, niedrigere Erhebungen sind die Montagne St-Geneviève im Zentrum und der Hügel von Chaillot im Westen.

Die Seine, der drittlängste Fluss Frankreichs, durchquert die Stadt in einem weiten Bogen von Südosten nach Südwesten. Die beiden Seine-Inseln, die große Île de la Cité und die kleinere Île St-Louis, bilden das historische und geografische Zentrum von Paris. 37 Brücken, davon fünf reine Fußgängerbrücken, überspannen den Fluss. Die letzte Hochwasserkatastrophe datiert ins Jahr 1910, doch wird seit dem Elbhochwasser 2002 in Paris fieberhaft an Plänen gearbeitet, um für ein eventuelles erneutes Hochwasser der Seine gerüstet zu sein.

Die Region um Paris, mittlerweile praktisch identisch mit dem urbanen Ballungsraum, wird Île-de-France genannt.

Die Stadt ist seit 1860 in 20 Bezirke eingeteilt, die sogenannten Arrondissements. Deren Zählung beginnt im Bezirk um den Louvre und erfolgt im Uhrzeigersinn spiralförmig nach außen.

Links der Seine, auf der Rive Gauche, liegen das 5. bis 7. und das 13. bis 15. Arrondissement. An den letzten beiden Ziffern der Postleitzahl lässt sich die Zugehörigkeit einer Adresse zu einem bestimmten Arrondissement ablesen. Unterteilt sind die Arrondissements wiederum in Quartiers (Viertel), wobei jedes Arrondissement genau vier Quartiers umfasst.

Staat und Politik

Paris war seit dem frühen 12. Jh. die Hauptstadt des französischen Königreichs. Nach der Französischen Revolution von 1789 lernte Paris republikanische, imperiale und monarchistische Herrschaftsformen kennen, bis es 1870 zur Hauptstadt der Republik Frankreich wurde.

Der Sitz des Präsidenten (im Palais de l'Élysée) und des Premierministers (im Hôtel de Matignon) sowie die meisten Ministerien befinden sich in Paris. Präsident ist seit 2012 der Sozialist François Hollande.

Der Pariser Oberbürgermeister Bertrand Delanoë, ebenfalls Mitglied der Sozialistischen Partei, regiert seit 2001 erfolgreich die Stadt vom Hôtel de Ville aus, 2008 wurde er im Amt bestätigt. Die nächsten Kommunalwahlen finden 2014 statt.

Wirtschaft

Paris ist eine typische Stadt des Dienstleistungsgewerbes. Seit Langem gibt es hier keine Industriebetriebe mehr. Dafür werden viele große Firmen von der Hauptstadt aus geleitet. Hinzu kommen Banken und Versicherungen sowie die öffentlichen Arbeitgeber.

Die gesamte Region verzeichnet eine relativ geringe Arbeitslosigkeit. Allerdings gibt es einen recht hohen Anteil arbeitsloser Jugendlicher, insbesondere unter den Nachkommen nordafrikanischer Einwanderer. Der Tourismus bildet eine der wichtigsten Einnahmequellen der Stadt.

Die Industriebetriebe in der Region um Paris sind vor allem auf die Bereiche Druck- und Verlagswesen, Luftfahrt, Elektro- und Auto- sowie chemisch-pharmazeutische Industrie spezialisiert. Die beiden Großflughäfen machen Paris in Europa zu einem wichtigen Drehkreuz hinter London und Frankfurt.

Tourismus

29 Mio. Touristen finden jährlich den Weg in die französische Hauptstadt, etwas mehr als die Hälfte von ihnen kommt aus dem Ausland. Die US-Amerikaner, denen Paris immer als bevorzugtes Reiseziel in Europa galt, das sie aber in Zeiten des schwachen Dollarkurses mieden, kommen jetzt wieder häufiger über den Atlantik. Aber vor allem sind es die Briten und auch wieder verstärkt die Japaner, die sich vom sprichwörtlichen Flair der Seine-Metropole anziehen lassen. Generell kann sich Paris nicht auf seinen Lorbeeren ausruhen, denn es werden auch kritische Stimmen laut, die Paris allgemein als zu teuer und die Qualität der Dienstleistungen als mittelmäßig bezeichnen.

Geschichte im Überblick

3. Jh. v. Chr. Funde belegen eine Besiedelung der Île de la Cité durch den keltischen Stamm der Parisii.

52 v. Chr. Nach dem Sieg über die Gallier gründen die Römer die Provinzstadt Lutetia.

um 250 n. Chr. Der hl. Dionysius *(St-Denis)* stirbt den Märtyrertod.

486 Der Frankenkönig Chlodwig setzt sich gegen römische Verbände durch und schafft das Frankenreich der Merowinger.

508 Paris wird Hauptstadt des Frankenreichs.

987 Hugo Capet wird König von Frankreich. Mit ihm beginnt die Dynastie der Kapetinger.

Um 1160 Die Arbeiten an Notre-Dame beginnen. Die neue Kathedrale soll die wachsende Bedeutung der Stadt unterstreichen.

1190–1220 Die erste mittelalterliche Stadtmauer entsteht unter König Philipp II. August; die wichtigste Festung der Stadt ist der Louvre.

1239 Ludwig IX., der Heilige, kauft die angebliche Dornenkrone Christi in Konstantinopel. Mit deren Überführung nimmt die religiöse Bedeutung der Stadt enorm zu.

1328 Mit dem Tod Karls IV. stirbt die Linie der Kapetinger aus. Aus dem Nachfolgestreit entwickelt sich der Hundertjährige Krieg (1338–1453) zwischen England und Frankreich.

1429 Jeanne d'Arc führt Karl VII. zur Krönung nach Reims und belagert Paris ohne Erfolg.

1437 Nach dem Übertritt des Herzogtums Burgund auf die französische Seite gelingt die Befreiung von Paris.

1528 Franz I. verlegt die Residenz wieder nach Paris, nachdem seine

Um das Jahr 1160 begannen die Arbeiten an Notre-Dame

Vorgänger lange die Schlösser im Tal der Loire vorgezogen hatten.

1562–1598 Ein Überfall auf die Hugenotten löst im März 1562 die Religionskriege zwischen Katholischer Liga und den Reformierten aus, die in der Bartholomäusnacht 1572 ihren ersten blutigen Höhepunkt erreichen.

1643–1715 Der Absolutismus erreicht unter dem »Sonnenkönig« Ludwig XIV. seinen Höhepunkt. Nach der Niederschlagung der Fronde-Aufstände 1653, mit denen der Adel alte Positionen wiederzuerlangen trachtete, baut der König seine Machtposition systematisch aus.

1682 verlegt Ludwig XIV. den Regierungssitz offiziell von Paris ins rund 19 km entfernte Versailles.

1715–1789 Zeitalter der Aufklärung, wirtschaftlicher Aufstieg des Bürgertums. Als König Ludwig XVI. 1789 infolge der katastrophalen Versorgungslage die Generalstände nach Versailles einberuft, erhält das Bürgertum erstmals seit 1614 wieder ein Mitspracherecht.

1789 Der Sturm auf die Bastille am 14. Juli 1789 löst die Französische Revolution aus.

1792–1794 Auch die Revolutionsregierungen bekommen die Versorgungskrise nicht in den Griff, das einfache Volk radikalisiert sich. In den Wochen des *Grande Terreur* im Juni und Juli 1794 werden allein in Paris mehr als 1000 Menschen hingerichtet.

1799–1815 Durch einen Staatsstreich kommt Napoleon Bonaparte an die Macht, krönt sich 1804 in Notre-Dame zum »Kaiser der Franzosen«, führt viele Kriege in Europa und wird 1815 endgültig geschlagen.

1830–1848 Nach der Maxime »Enrichissez vous!« (Bereichert euch) des »Bürgerkönigs« Louis Philippe betreiben Bürgertum, Emporkömmlinge und Spekulanten die Industrialisierung des Landes, während in den übervölkerten Vierteln von Paris die Tagelöhner und Arbeitslosen in Armut leben.

1848/1851 Die Februarrevolution mündet in die Zweite Republik, an deren Spitze Ende 1848 Louis-Napoleon Bonaparte, der Neffe Napoleons I., gewählt wird. Vor dem Ende seiner Präsidentschaft macht er sich per Staatsstreich zu Kaiser Napoleon III. Die sozialen Gegensätze verschärfen sich.

1852–1870 Mit seinem Präfekten Georges-Eugène Haussmann betreibt Napoleon III. konsequent die städtebauliche Umgestaltung der Hauptstadt.

1871 Nach der Kapitulation vor Preußen im Deutsch-Französischen Krieg schlägt die konservative Regierung den Aufstand der Pariser Kommune blutig nieder.

1880–1914 Belle Epoque: Trotz finanzieller Nöte wird Paris kulturell zur »Hauptstadt des 19. Jahrhunderts«.

1889 Zur Weltausstellung wird der Eiffelturm erbaut.

1918 Der Waffenstillstand im Wald von Compiègne beendet den Ersten Weltkrieg. Paris bleibt unzerstört.

1940–1944 Deutsche Truppen besetzen Paris.
1981 Der Sozialist François Mitterrand wird Staatspräsident.
1986–1988 und **1993–1995** Kohabitation sozialistischer Präsidenten mit konservativen Regierungschefs. Im Mai 1995 wird der Konservative Jacques Chirac Nachfolger Mitterrands.
1997 Nach dem Sieg der Sozialisten bei den Parlamentswahlen kommt es erneut zu einer Kohabitation, diesmal mit konservativem Präsidenten und sozialistischem Premierminister.
2002 Der Wiederwahl Chiracs zum Staatspräsidenten gehen Demonstrationen gegen den Rechtsextremisten Le Pen voraus, der den Sozialisten Jospin geschlagen hatte. Im November gründen die konservativen Parteien die »Union für eine Volksbewegung« (Union pour un mouvement populaire, UMP).
2005/2006 Nach den Krawallen in den Vorstädten löst eine geplante Arbeitsmarktreform landesweit Massenproteste aus.
2007 Im Mai wird der konservative Nicolas Sarkozy zum neuen französischen Präsidenten gewählt. Sein »Kabinett der Öffnung« umfasst auch ehemalige Linkspolitiker.
2008 Bürgermeister Delanoë wird mit großer Mehrheit wiedergewählt. Staatspräsident Sarkozy stößt die Debatte um »Grand Paris« an › **S. 48**.
2010 Bei den Regionalwahlen im März muss die Regierungspartei UMP deutliche Stimmenverluste hinnehmen. Paris wählt mit 57 % sozialistisch.
2011 Im Sommer beginnt der Abriss des Bauensembles »Les Halles«, das einem Neubau weichen soll. Die größte innerstädtische Baustelle für die kommenden fünf Jahre entsteht › **S. 74**.
2012 Bei den Präsidentschaftswahlen im Mai stimmt Paris mit 55 % für den Sozialisten François Hollande.
2013 Beim schwersten Zugunglück seit Jahrzehnten entgleist ein von Paris kommender Zug im Bahnhof Brétigny-sur-Orge südlich der Hauptstadt. Es gibt mehrere Tote und Dutzende von Verletzten.

Denkmal der Jeanne d'Arc an der Place des Pyramides

Natur & Umwelt

Trotz der rund 89 000 im Stadtgebiet gepflanzten Bäume muss im Sommer wegen der Gesundheitsgefährdung durch erhöhte CO_2-Werte immer häufiger die Geschwindigkeit der Fahrzeuge auf der Pariser Stadtautobahn durch strenge Vorschriften gedrosselt werden. Den Smogalarm zu vermeiden hat sich auch der sozialistische Bürgermeister auf die Fahnen geschrieben. Seit seiner Amtsübernahme wird der öffentliche Nahverkehr ausgebaut, eigene Busspuren schränken die Freiheit der Autofahrer ein. Nach der erfolgreichen Einführung von über 20 000 Leihfahrrädern *(Vélib')* im Sommer 2007 können seit Dezember 2011 auch knapp 1000 Elektroautos ausgeliehen werden *(Autolib';* › **S. 16**). Das Angebot wird von den Parisern begeistert angenommen, wie auch der weiter vorangetriebene Ausbau der Tramlinien auf Pariser Stadtgebiet.

Die Menschen

Paris hat 2,1 Mio. Einwohner, und das auf einer Fläche von gut 105 km², was etwa einem Achtel der Fläche Berlins entspricht. Zum größten Ballungsraum Europas wird die *région parisienne* allerdings erst durch die Vorstädte, die mit Paris die Region der Île-de-France mit ihren gut 11 Mio. Einwohnern bilden. Somit leben fast 20 % der französischen Bevölkerung auf nicht einmal 4 % der Fläche des Landes!

Die meisten Einwohner der Stadt selbst verteilen sich auf das 15., 18. und 20. Arrondissement. Am wenigsten bevölkert sind das 1., 2. und 4. Arrondissement, also das Zentrum. Im 10. Stadtbezirk leben viele Inder, Pakistaner und Franzosen aus Nordafrika. Das 3. und 11., aber auch das 13. Arrondissement wird vorwiegend von Asiaten bevölkert – das Viertel südöstlich der Place d'Italie wird als Pariser Chinatown bezeichnet. Im 8. Bezirk leben zahlreiche Russen, die es immer mehr an die Seine zieht. Die Rue des Rosiers im Marais (4. Arrondissement) machen leider immer mehr traditionell jüdische Geschäfte Allerweltsboutiquen Platz, dennoch hat sich das jüdische Flair der Straße weitgehend erhalten. Ein großes jüdisches Viertel liegt auch im 19. Arrondissement nördlich des Parc des Buttes Chaumont.

Doch das Leben in der Hauptstadt muss man sich leisten können. Zwar liegt das durchschnittliche Nettoeinkommen in der Île-de-France um 35 % höher als in der Provinz, doch werden diese Topgehälter vor allem von überdurchschnittlich gut ausgebildeten Arbeitnehmern bezogen. Die umfassenden Sanierungskampagnen, die eine Aufwertung der Gebiete bewirken sollen, treiben die Mieten in die Höhe und verdrängen die angestammte

Bevölkerung. Im Pariser Zentrum, vor allem im 6. und 7. Arrondissement, ist eine 100-m^2-Wohnung selten unter 3000 € im Monat zu mieten. 8000 € beträgt der durchschnittliche Kaufpreis für einen Quadratmeter Wohnfläche, über 12 000 € sind in den teuersten Vierteln keine Seltenheit. Die Wirtschaftskrise hat lediglich für einen kurzfristigen Preisrückgang gesorgt. Mittlerweile haben sogar die Preise im einst relativ günstigen Pariser Osten stark angezogen. Seit 2012 hat sich der Markt jedoch deutlich beruhigt.

Sprache

Im Durchschnitt sprechen die Franzosen sicher weniger Fremdsprachen als andere Europäer, doch wer kein Französisch spricht, wird in Paris dennoch mit Englisch am besten zurechtkommen. Die den Franzosen, insbesondere den Parisern, nachgesagte Hochnäsigkeit, dass sie nur in ihrer Muttersprache antworteten, gehört der Vergangenheit an.

Das Französische entwickelte sich aus dem auf dem Vulgärlatein basierenden Dialekt der Île-de-France. Eine gemeinsame Sprache wurde in der Geschichte immer als Garant für die Einheit des Landes betrachtet. Franz I. machte 1537 Französisch zur alleinigen Verwaltungssprache, und der Revolution galt sprachliche Vielfalt als Zeichen von Partikularismus und Provinzialismus. Dialekte und eigenständige Sprachen (Okzitanisch, Katalanisch, Bretonisch, Deutsch oder Flämisch) wurden im 19. Jh. bekämpft, nicht zuletzt mithilfe der Institution Schule. Mittlerweile aber sind immer mehr Franzosen wieder stolz auf ihre regionalen Wurzeln, auch wenn es sie in die Kapitale verschlagen hat.

SEITENBLICK

Paris dehnt sich aus

Seit der ehemalige Staatspräsident Nicolas Sarkozy im Sommer 2008 Architekten eingeladen hatte, um sich Gedanken über die städtebauliche Zukunft von Paris zu machen, steht »Grand Paris« auch unter François Hollande auf der Tagesordnung. Der Gegensatz zwischen der reichen Hauptstadt Paris und ihrem breiten Gürtel weit ausufernder Vorstädte ist ungeheuer groß und das soziale Gefälle kaum überbrückbar. Zuletzt sorgten Unruhen in den *banlieues* 2005 und 2007 für weltweite Schlagzeilen. Als eine der wesentlichen Ursachen hierfür gilt die Situation der Einwanderer in den trostlosen Hochhaussiedlungen am nord- und nordöstlichen Pariser Stadtrand. Diese Viertel gelten heute als Ghettos mit hoher Arbeitslosigkeit und schlechten Schulen. »Grand Paris« zielt darauf ab, dass Paris sich mit seinen Vorstädten vernetzt, was zu neuen Eingemeindungen führen wird, vor allem aber zum Ausbau des Transportnetztes im Großraum. Ein »Grand Paris Express«, ein vollautomatisches Metrosystem der Superlative, das 200 km Streckennetz um Paris mit 72 Bahnhöfen bedienen wird, soll bis 2035 Realität werden und die 11 Millionen Bewohner von »Grand Paris« näher zusammenrücken lassen.

Kunst & Kultur

Buntglasfenster in der Basilika von St-Denis

Paris verdankt seine einmalige städtebauliche Struktur seiner langen Vergangenheit als Residenzstadt der französischen Könige. Doch hat die Kapitale vor allem in der zweiten Hälfte des 19. Jhs. ihr Aussehen verändert, als unter Baron Haussmann, dem Stadtplaner Kaiser Napoleons III., ein Großteil der mittelalterlichen Stadt abgerissen und durch die Anlage moderner breiter Avenuen und Boulevards ersetzt wurde. 100 Jahre später waren es die französischen Staatspräsidenten, allen voran François Mitterrand, die Paris zur Spielwiese moderner Architekten erklärten. Ein erstes Tabu wurde mit dem Bau des Centre Pompidou gebrochen, das sich als architektonischer Fremdkörper im Stadtbild zu behaupten hat. Mitterrands *Grands Projets* für Paris nahmen in Zeiten gefüllter Staatskassen pharaonische Ausmaße an, doch sind sie heute aus dem Stadtbild nicht mehr wegzudenken.

Zur Baugeschichte von Paris

Keimzelle der Stadt war die Île de la Cité, auf der schon die Kelten gesiedelt hatten und die die Römer zum Verwaltungssitz ausbauten, zunächst allerdings vor allem auf dem linken Seine-Ufer. In unsicheren Zeiten zogen sich die Bewohner dann wieder auf ihre Insel zurück. Die neuen nördlichen Stadtteile ließ König Philipp II. August in die um 1200 errichtete Stadtmauer einbeziehen. Das wichtigste Bollwerk dieses Schutzwalls stellte der Louvre dar, der später zur königlichen Residenz ausgebaut wurde. Das Wachstum der Stadt beschleunigte sich. Bis zur Mitte des 12. Jhs. entstanden monumentale, wenngleich architektonisch wenig bemerkenswerte Kirchenbauten, von denen sich im Wesentlichen nur St-Germain-des-Prés erhalten hat.

Das gotische Paris

Dann jedoch wurde in der Île-de-France ein Baustil entwickelt, der in engem Zusammenhang mit dem politischen Anspruch des Königtums der Kapetinger stand. Der erste programmatische Bauplan für einen gotischen Kirchenbau wurde für die Abteikirche in St-Denis entworfen, Grablege der Könige und Aufbewahrungsort der Kroninsignien. Abt Suger, Berater des Königs, wollte hier bewusst einen der Bedeutung des Ortes als Nationalheiligtum entsprechenden, vorbildhaften Architekturstil schaffen. Zwei Bauten repräsentieren in der Folge am eindrucksvollsten die französische

Gotik: die um 1160 begonnene, frühgotische Kathedrale Notre-Dame sowie die hochgotische Sainte-Chapelle. Bei beiden Bauten erscheint die raumbegrenzende Wand völlig entmaterialisiert, den Hauptanteil an der Raumgestaltung tragen die buntfarbigen Glasfenster. Darüber hinaus besaß Paris zu dieser Zeit mehrere bedeutende Schulen, an denen etwa Petrus Abaelardus (Abälard), Albertus Magnus und Thomas von Aquin lehrten.

Paris in der Renaissance

Lange Zeit blieb die Gotik in ihrem Entstehungsland die verbindliche Bauform, auch noch, als in Italien bereits ein neuer Baustil entwickelt wurde. In einer ersten Phase war die Renaissance in Frankreich tatsächlich ein reiner Importartikel, produziert von italienischen Künstlern, die Franz I. ins Land holte. 1547 entstand anstelle der alten Festung der neue Louvre. Mit Heinrich IV. begann die Epoche systematischer städtebaulicher Planung, um den Wildwuchs der Stadt unter Kontrolle zu bekommen. Ordnende Maßnahme war die Anlage regelmäßiger Plätze. Als erste entstand die Place Dauphine mit dem Pont-Neuf, der ersten modernen Brücke, die nicht mit Häusern bebaut wurde. Die Place des Vosges wurde zur Keimzelle des Marais-Viertels und zum gesellschaftlichen Zentrum der Aristokratie, die sich hier zahlreiche Adelspaläste errichten ließ.

Paris im »Grand Siècle«

In der ersten Hälfte des 17. Jhs. wurde Paris zu einem Zentrum der Gegenreformation: Es entstanden neue Klöster und Kirchen, die Paris zu einem zweiten Rom machen sollten. Die Jesuitenkirche St-Paul-St-Louis

Brunnen auf der Place de la Concorde, dem größten Platz von Paris

oder die Kapelle der Sorbonne folgten dem Vorbild der römischen Barockkirchen.

Die Regierungszeit Ludwigs XIV. (1643–1715) markierte die seit 1668 als Symbol des Herrscherkults konzipierte Anlage von Schloss und Park von Versailles. Die königlichen Akademien legten eigene, absolut verbindliche Regeln für Kunst und Architektur fest, die Schönheit und Würde gewährleisten sollten. Die Folge war die Ausbreitung einer Einheitsarchitektur und -kunst über ganz Frankreich. Der Invalidendom stellt einen Musterbau dar.

Unter dem Einfluss des mächtigen Ministers Jean-Baptiste Colbert (1619–1683) wurde auch das *embellissement*, die würdige Verschönerung der Hauptstadt, vorangetrieben. Die Architekten Le Vau und Hardouin-Mansart, der Maler Lebrun und der Gartenarchitekt Le Nôtre wurden zu Leitern des Bauwesens ernannt. Als Zeichen der unangreifbaren Königsmacht wurden die Stadtmauern geschleift und an ihrer Stelle breite Promenaden, die Boulevards, angelegt. Die Stadttore wurden durch Triumphbögen ersetzt. In der Verlängerung des Louvre entstand durch die Anlage des Tuileriengartens und der heutigen Champs-Élysées bis zum Rond-Point die »Königsachse«.

Paris im 18. Jahrhundert

In der Folgezeit konzentrierte sich die Bautätigkeit ganz auf den privaten Bereich eleganter Adelspaläste, wie sie vorwiegend im neuen Faubourg Saint-Germain entstanden. Klassizistische Tendenzen zeigen nach der Jahrhundertmitte die Anlage der Place de la Concorde und Jacques-Germain Soufflots (1713–1780) ehrgeiziges Werk, das zunächst als Kirche Ste-Geneviève konzipierte Panthéon.

Paris im 19. Jahrhundert

Napoleon III. machte sich gleich nach seinem Staatsstreich 1852 mit Georges-Eugène Haussmann (1809–1891) an die Planung des neuen kaiserlichen Paris. Erste Eingemeindungen wurden unternommen, womit die Stadt die Ausdehnung erreichte, die sie im Wesentlichen noch heute hat. Als prunkvolles Selbstzeugnis der bourgeoisen Epoche des Zweiten Kaiserreichs gilt Charles Garniers Opéra. Daneben entstanden ab 1854 als frühes Beispiel der modernen Gusseisenarchitektur Baltards Markthallen, die 1972 abgerissen wurden. Anlässlich der Weltausstellungen, die zwischen 1855 und 1900 in Paris stattfanden, wurden markante Eisenkonstruktionen errichtet, so 1889 das himmelstürmende Symbol der neuen Zeit, der Eiffelturm.

Das moderne Paris

Auf dem Hügel von Chaillot entstanden zur Weltausstellung 1937 Gebäude im Stil des modernen Klassizismus. Den Zweiten Weltkrieg überstand Paris ohne große Zerstörungen. Erst die 1970er-Jahre bedeuteten für die Stadt den Verlust ganzer Straßenzüge, denn dem Wohnungs- und Büromangel wurde nun mit (nicht unbedingt geglückten) Hochhausbauten abgeholfen, deutlich sichtbar etwa im Montparnasse-Viertel. Unter Präsident Georges Pompidou wurden die alten Markthallen im Zentrum abgerissen. In der Nähe entstand das nach ihm benannte Kulturzentrum, das Centre Pompidou. In den 14 Jahren der Präsidentschaft François Mitterrands (1981–1995) wurden in Paris so viele architektonische Großprojekte *(Grands Projets)* realisiert wie in keiner anderen europäischen Stadt. Pünktlich zum Revolutionsjubiläum wurde 1989 die Opéra Bastille eröffnet. Und nach dem Auszug des Finanzministeriums aus dem Louvre wurde dieser zum weltgrößten Museum mit der auffallenden gläsernen Pyramide als Eingang. Die Grande Arche im Bürohausviertel La Défense vor den Toren von Paris bildet den spektakulären westlichen Abschluss der Pariser Königsachse. Die neue Nationalbibliothek im Pariser Osten, in Form von vier aufgeschlagenen Büchern, war der letzte Akt des Bauspektakels der Ära Mitterrand. Staatspräsident Jacques Chirac hat sich in seiner Amtszeit lediglich den Bau des Musée du Quai Branly geleistet, das sich ethnologischer Kunst widmet. Präsident Nicolas Sarkozy hat zumindest in der Architekturgeschichte von Paris keine Spuren hinterlassen, und auch François Hollande dürfte in Krisenzeiten wenig Geld für Prestigeobjekte zur Verfügung haben.

Paris als Mekka der Künste

Im 19. Jh. avancierte Paris zum kulturellen Zentrum Europas. Maler, Bildhauer, Schriftsteller, Komponisten und Musiker aus aller Welt zog es an die Seine. Die erste Jahrhunderthälfte war noch geprägt von der Romantik, die in Romanwerken und großformatigen Gemälden die Stadt Paris feierte. Victor Hugo setzte mit seinem historischen Roman »Der Glöckner von Notre-Dame« der Kathedrale ein Denkmal. Die Bedeutung gotischer Architektur als nationales französisches Erbe wurde von den Zeitgenossen erkannt. In der Folge wurden unzählige Bauten, allen voran Notre-Dame und die Sainte-Chapelle, als erhaltenswert eingestuft und restauriert. Maler wie Eugène Delacroix machten die Unruhen der Revolutionen im Paris der 1830er- und 1840er-Jahre zum Gegenstand ihrer Bilder, etwa in seiner berühmten Allegorie »Die Freiheit führt das Volk an«.

Der Realismus in Malerei und Literatur bis zum Beginn der 1880er-Jahre begeisterte nicht alle Zeitgenossen, im Gegenteil. Die ungeschminkte Darstellung der gesellschaftlichen Realität in den Romanwerken eines Honoré de Balzac oder Gustave Flaubert und in den Gemälden eines Gustave Courbet oder gar die sozialkritischen Milieuschilderungen Emile Zolas stießen auf erbitterten Widerstand. Das mit der industriellen Revolution zu Macht und Ansehen gelangte Bürgertum war nun zwar erstmals zum Gegenstand der bildenden Kunst und Literatur geworden, wollte aber nicht seine Schwächen und Empfindlichkeiten, sondern seinen Erfolg und Wohlstand dargestellt sehen. Im Pariser Salon, der vom offiziellen Kunstgeschmack geprägten regelmäßig stattfindenden Kunstausstellung, wurden sozialkritische Themen in der Malerei abgelehnt.

Zwei Figuren – so nannte Miró seine Arbeiten für La Défense

Die Impressionisten, eine lockere Vereinigung von Malern, die erstmals 1874 in Erscheinung trat, wandten sich vom streng formalen Bildaufbau der akademisch geprägten Ateliermalerei ab. Stattdessen richteten sie, mit hellen Farben und einer die Konturen weitgehend auflösenden Technik, ihr Augenmerk auf den Eindruck, den eine Szene beim Betrachter hervorrief. Und »Impressionen« fanden sich nicht nur in der Natur, sondern auch im Treiben der modernen Großstadt: Bahnhöfe, die »Kathedralen des Fortschritts« des technikbegeisterten 19. Jhs., Boulevardszenen und die arbeitende, aber auch vergnügungssüchtige Stadtbevölkerung waren ihre bevorzugten Themen. Henri de Toulouse-Lautrec (1864–1901) etwa porträtierte die Halbwelt des Montmartre. Der radikale Bruch der Impressionisten mit der geltenden Auffassung von Malerei bereitete der modernen Kunst den Weg.

Am Montmartre traf Anfang des 20. Jhs. eine junge Künstlergeneration ein. Der junge Spanier Pablo Picasso und der Franzose Fernand Léger begründeten den Kubismus; Picassos Werk »Les Demoiselles d'Avignon« wurde zum kubistischen Manifest. Vor allem ausländische Künstler wie Marc Chagall, Giorgio de Chirico, Kees van Dongen, Max Ernst, Joan Miró oder eben Picasso prägten die Pariser Kunstszene, die »Ecole de Paris« (Schule von Paris), bis zum Zweiten Weltkrieg, in der die unterschiedlichste Kunstströmungen schnell aufeinanderfolgten.

In der Literatur tauchten als Themen der Verlust von Werten, die Anonymität der Großstädte, aber auch die Religion auf, und man experimentierte mit neuen Stilen und Formen. Bedeutende Autoren waren Marcel Proust, André Gide oder Paul Claudel. Zwischen den Weltkriegen war der Surrealismus en vogue, in dem sich Reales und Traumhaft-Fantastisches vermischten. Als einer seiner Begründer gilt der Schriftsteller André Breton, der fasziniert war von der Psychoanalyse Sigmund Freuds und der Bedeutung, die dieser dem Traum beimaß. 1924 erschien sein »Manifeste du Surréalisme«. Zwischen 1935 und 1950 wurde in Paris der Existentialismus diskutiert. Dessen Hauptvertreter waren Jean-Paul Sartre, Simone de Beauvoir und Albert Camus.

In den ersten Jahren nach dem Zweiten Weltkrieg stand die Malerei in Paris ganz im Zeichen der Abstraktion. Künstler wie Bissière, Bazaine, Hartung, Poliakoff oder Nicolas de Stael reagieren eigenständig auf den damaligen Siegeszug der abstrakten Malerei in den USA. Doch die prominente Stellung der französischen Kunst mit Paris als Mekka der Künste für ganze Generationen von Malern, Bildhauern, Schriftstellern und Musikern der vergangenen 100 Jahre verblasste nach dem Zweiten Weltkrieg deutlich.

Als Reaktion auf die Abstraktion entstand seit 1960 in Paris die Gruppe der »Nouveaux Réalistes« um Yves Klein und Daniel Spoerri. Mit neuen Techniken und Materialien sollte die Realität des täglichen Lebens in die Kunst integriert werden. Objektkunst und frühe Formen der Aktionskunst entstanden im Umfeld.

Ende des 20. Jhs. machen Künstler wie Christian Boltanski auf sich aufmerksam. International gefragte Rauminstallationen, die sich um den Verlust der Erinnerung oder die Wiederentdeckung von Geschichte drehen, sind sein Thema. Vor allem aber machen französische Architekten weltweit von sich reden. Christian de Portzamparc und Jean Nouvel sind die Aushängeschilder der aktuellen französischen Architekturszene.

Feste & Veranstaltungen

Paris kommt natürlich nie zum Stillstand. Zum Feiern findet sich immer ein Anlass, und wenn es nur der Sommeranfang ist, der mit der »Fête de la musique« Paris in ein einziges Straßenfest verwandelt.

Nur in den großen Sommerferien wird es deutlich ruhiger. Doch dann holen sich die Daheimgebliebenen eben mit »Paris Plage« ihren Strand an die Seine.

Festkalender

April: Marathon de Paris An einem Sonntag Mitte April (2014 am 6. April) starten jedes Jahr fast 40 000 Läufer auf den Champs-Élysées zu diesem Stadtmarathon, der zu den weltweit größten gehört. www.parismarathon.com

Juni: Fête de la Musique Seit 1982 auf den Straßen, Plätzen, in Konzerthäusern, Cafés, Restaurants … und das immer am 21. Juni. www.fetedelamusique.culture.fr

Juli/August: Nationalfeiertag am 14. Juli. Der Revolutionsbeginn von 1789 wird nach wie vor kräftig gefeiert. Paraden und Menschenmassen auf den Champs Élysées sind garantiert, Düsenjägerstaffeln färben den Himmel über Paris in den Farben der Tricolore.

Paris Plage Ende Juli bis Mitte August verwandeln sich die Seine-Ufer in einen Sandstrand *(plage)* mit Palmen und vielen Sonnenanbetern. www.paris.fr

»Paris Plage«: Im Sommer wird am Seine-Ufer ein künstlicher Stand aufgeschüttet

September: Journées européennes du patrimoine Tag der offenen Tür in den historischen Denkmälern der Stadt. Jetzt kann hinter die Kulissen geschaut werden, wo sonst die Türen verschlossen sind (kostenlos, daher Schlange stehen!) www.journeesdupatrimoine.culture.fr

Paris Design Week Über das ganze Stadtgebiet verteilt bieten Galerien, Boutiquen, Museumsshops und natürlich spezialisierte Design-Geschäfte einen Überblick über zeitgenössische Gestaltung von der Teekanne über das Sofa bis hin zum Motorroller. www.parisdesignweek.fr

Oktober: Nuit blanche In dieser Nacht Anfang Oktober wird nicht geschlafen: Die zeitgenössische Kunst erobert die Stadt. Junge Künstler gestalten Räume eines Luxushotels, Lesungen bis in die Morgenstunden – dem Schöpferischen sind keine (Zeit- und Orts-)Grenzen gesetzt. www.paris.fr

Weinfest auf dem Montmarte Erntefest am Weinberg des Montmartre (Ecke Rue des Saules/Rue St-Vincent, Ⓜ Lamarck-Coulaincourt) am zweiten Wochenende im Oktober mit Musik, Trachten, Strömen von Wein, Austern und guter Stimmung. www.fetedesvendangesdemontmartre.com

FIAC Wichtigste französische Messe für zeitgenössische Kunst im Grand Palais und dem Carrousel du Louvre. www.fiacparis.com

November: Paris Photo Mitte November im Carrousel du Louvre stattfindende internationale Fotografiemesse. www.parisphoto.fr

Dezember: Silvester Auch wenn nicht so viel Feuerwerk in den Himmel steigt wie am Nationalfeiertag, Partystimmung herrscht dennoch in der Stadt. Von 17 Uhr bis zum Neujahrstag 12 Uhr fährt man mit Metro und Bussen kostenlos.

TOP-TOUREN IN PARIS

Der mächtige Umterbau des beleuchteten Eiffelturms spiegelt sich im Wasser

Im Herzen von Paris

Das Beste!

- In den Tuilerien eine Siesta auf einer Parkbank im Schatten einlegen › S. 69
- Am späten Abend vom Quai an der Spitze der Île de la Cité aus vorbeiziehende Seine-Boote beobachten › S. 60
- Abends die Cour Carrée des Louvre angestrahlt erleben › S. 66
- Die Aussicht von den Türmen von Notre-Dame genießen › S. 63
- Ein klassisches Konzert in der Sainte-Chapelle besuchen › S. 64

› Karte
S. 62

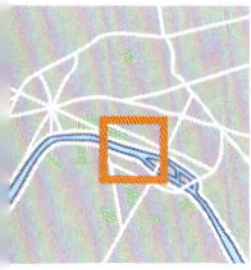

Die Ile de la Cité ist die Keimzelle der Stadt. Hier reckt die Kathedrale Notre-Dame ihre stumpfen Türme in den Himmel. Der Louvre am rechten Seine-Ufer, ehemals Festung und Königspalast, ist heute das größte Kunstmuseum der Welt.

Die größere der beiden Seine-Inseln, die Île de la Cité, gilt als die Keimzelle von Paris. Der Keltenstamm der Parisii, von dem die Stadt ihren heutigen Namen geerbt hat, ließ sich einst auf der Insel nieder. In römischer Zeit hieß die Stadt Lutetia (wie alle Asterix-Leser wissen) und begann sich mehr und mehr auch auf den beiden Ufern auszubreiten. Indes blieb die gut befestigte große Insel in der Seine das ganze Mittelalter hindurch das weltliche und geistliche Zentrum von Paris. Auf ihrer Ostseite ragt majestätisch die Kathedrale Notre-Dame in den Himmel, im Westen bauten sich die fränkischen Könige ihre Burg. Das 19. Jh. begann zwar die Gotik wieder zu schätzen, sodass Notre-Dame dem Verfall entging, doch die restliche mittelalterliche Bausubstanz auf der Insel wurde zerstört. Klotzige Prestigegebäude wie der Justizpalast entstanden.

Zum Glück hat die versteckte Place Dauphine aus dem 17. Jh. überlebt – eine Oase der Stille inmitten der Großstadt. Hier spannt sich auch die älteste Brücke von Paris über die Seine, der Pont-Neuf. Im 14. Jh. ließen die französischen Könige ihre Burg auf der Insel im Stich und suchten sich am rechten Seine-Ufer eine Bleibe. Nun begann die große Zeit des Louvre: Aus einer Bastion wurde durch die Jahrhunderte ein prächtiges Schloss und später das weltgrößte Museum. An der gläsernen Eingangspyramide des Louvre wird schnell klar, was mit dem Begriff Königsachse gemeint ist: Schnurgerade geht der Blick durch die Tuileriengärten, früher Spielplatz nur für Königskinder, bis zur Place de la Concorde und weiter die Champs-Élysées entlang bis zum Triumphbogen.

Hier fällt nun die Entscheidung schwer – soll man den Louvre besuchen, sich einen *café crème* in einem der Lokale unter Bäumen in den Tuilerien gönnen oder doch weiter bis zu den Champs-Élysées flanieren?

Das Hôtel de Ville auf der Île de la Cité

Vor dem Louvre

Tour im Herzen von Paris

Tour 4 Von Notre-Dame zum Louvre

Tour-Übersicht:

Verlauf: ***Hôtel de Ville › Pont d'Arcole › Quai aux Fleurs › ***Notre-Dame › ***Sainte-Chapelle › Conciergerie › Quai de l'Horloge › *Place Dauphine › **Pont-Neuf › Quai de Conti › *Institut de France › *Pont des Arts › ***Louvre › *Jardin des Tuileries › *Orangerie**

Dauer: 4–5 Std. reine Gehzeit, bei Besuch des Louvre noch viel, viel länger …

Praktische Hinweise:

- **Ausgangspunkt** ist Ⓜ Hôtel de Ville.
- **Endpunkt** Ⓜ Concorde.
- Louvre und Orangerie sind dienstags geschlossen.
- Bei schönem Wetter sollte unbedingt eine Pause in den Cafés unter freiem Himmel in den Tuilerien eingeplant werden.

Die Metrostation **Hotel de Ville** liegt an der Rue de Rivoli, einer der Hauptgeschäftstraßen der Rive Droite, dem rechten Pariser Seine-Ufer.

Tour-Start:
*Hôtel de Ville 1

Das Rathaus, der schlossähnliche Amtssitz des Pariser Oberbürgermeisters, stammt in seiner heutigen Form aus dem 19. Jh. Der ursprüngliche, an italienischer Renaissancearchitektur orientierte prächtige Bau von 1532 war während des Aufstands der Pariser Kommune von 1871 zerstört worden.

Im Winter wird der große Rathausvorplatz zu einer Kunsteisbahn, ein beliebter Treffpunkt nach den Weihnachtseinkäufen im nahen Kaufhaus Bazar de l'Hôtel de Ville (BHV).

Erst-klassi

Der Pont d'Arcole führt zur ****Île de la Cité**, der größeren der beiden Seine-Inseln. Wenn man paar Schritte den Quai aux Fleurs entlanggeht, bietet sich ein romantischer Blick auf die Île St-Louis.

***Notre-Dame 2

1

Dann taucht plötzlich der Chor der Kathedrale Notre-Dame mit seinen weit ausladenden Strebebögen zwischen den Bäumen auf. Ab 1160 entstand dieser gewaltige Kirchenbau. Paris war zu jener Zeit gerade Hauptstadt des Königreichs geworden, und der neue Sakralbau sollte diese Bedeutung dokumentieren. Eben war der gotische Stil vor den Toren von Paris beim Bau der Abteikirche von Saint-Denis »erfunden« worden.

Der Neubau von Notre-Dame in Paris sollte daher als einer der ersten das neue Empfinden für Licht und Höhe in der Architektur zum Ausdruck bringen. Diesem Streben entsprechen auch die in 68 m Höhe stumpf endenden Türme der

Hauptfassade, die nie von spitzen Helmen bekrönt wurden. Ein solcher Aufbau hätte die perfekt symmetrischen Proportionen der **Fassade** mit ihren drei annähernd gleich hohen Hauptetagen (Portalzone, Rosengeschoss und Türme) sicher gestört. Die heute aus Kopien des 19. Jhs. wieder zusammengesetzte Galerie von Königsskulpturen unterhalb der Rosette war einst den französischen Revolutionären ein Dorn im Auge. Auch die steinernen Köpfe sollten damals fallen, da man hierin eine Ahnengalerie der verhassten Monarchen Frankreichs sah – dass es sich in Wirklichkeit zumeist um Darstellungen alttestamentarischer Könige handelte, entging den revolutionären Bilderstürmern.

Der Figurenschmuck der drei Portale ist auch nur noch zum Teil original erhalten. Im Mittelportal erkennt man im Tympanon Christus als Weltenrichter, darunter die Seelen, die – in die eine Richtung – als Gerettete in den Himmel ziehen, während auf der anderen Seite Teufel die in Ketten gelegten Verdammten in die Hölle bringen.

Der fünfschiffige **Innenraum** ist düster, denn ein großes Emporengeschoss, in dem bis zu 2000 Menschen Platz finden, lässt seitlich nur wenig Licht einfallen. Dennoch entfaltet Notre-Dame eine sehr würdevolle Raumwirkung. 1804 krönte sich hier Napoleon I. selbst zum Kaiser der Franzosen, während der eingeladene Papst nur tatenlos zusehen konnte. Von den mittelalterlichen **Fenstern** sind nur die drei Rosen übrig. Die große hochgotische Rose des Nordquerhauses mit nahezu 13 m Durchmesser ist die am besten erhaltene.

Erst Mitte des 19. Jhs. wurde die Bedeutung des Baus wiedererkannt. Nicht zuletzt ist dies Victor Hugo und seinem historischen Roman »Der Glöckner von Notre-Dame«

Die Wasserspeier auf den Türmen von Notre-Dame blicken weit über Paris

zu verdanken. Die damals schon arg beschädigte gotische Kathedrale wurde restauriert. Einige der berühmten Wasserspeier *(gargouilles)* hoch oben an den Türmen wurden dabei frei erfunden hinzugefügt, doch ohne sie könnte man sich Notre-Dame heute nicht mehr vorstellen (tgl. 8–18.45, Sa, So bis 19.15 Uhr; www.notredamedeparis.fr).

Von den **Türmen** der Kathedrale bietet sich nach einem kräftezehrenden Aufstieg über 387 Stufen (kein Lift!) zur Belohnung ein toller Ausblick (tgl. April–Sept. 10–18.30, Juni–Aug. Fr, Sa bis 23, Okt.–März bis 17.30 Uhr).

Erst-! klassig

Am Hospital Hôtel Dieu, einem Bau des 19. Jhs., vorbei geht es weiter in Richtung Justizpalast. Hinter

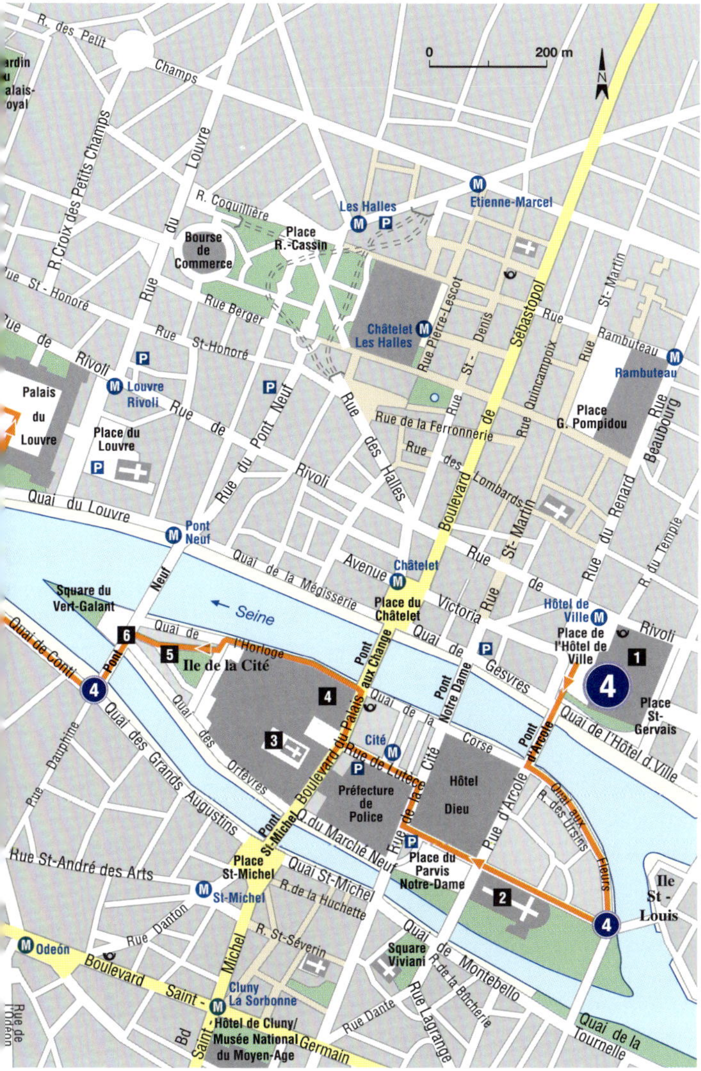

› Karte S. 62

dem Jugendstileingang der Metrostation Cité, einem beliebten Fotomotiv, erstreckt sich der malerische Blumenmarkt Marché aux Fleurs.

Erst-! klassig

***Sainte-Chapelle 3

Durch den Eingang zum Justizpalast gelangt man zu diesem Paradebeispiel hochgotischer Baukunst. Zunächst erwartet den Besucher ein eher niedriger, gewölbter Raum, dessen Wände im 19. Jh. allzu farbenfroh dekoriert wurden. Dann führt eine schmale Treppe hinauf in die Oberkapelle.

Der Eindruck des lichtdurchfluteten Raumes ist überwältigend. Alle in diesem Bau wirkenden Kräfte werden über die Gewölberippen und Strebepfeiler entlastet, unterstützt von Eisenbändern, die sich wie ein Korsett um das hohe, schmale Gebäude legen. Dies ermöglichte es dem Baumeister, der die Kapelle zwischen 1243 und 1248 errichtete, das Mauerwerk zwischen den Pfeilern fast vollständig in Glaswände aufzulösen. Entstanden war eine architektonische Schmuckschatulle für einen ganz besonderen Schatz: Ludwig IX., der Heilige, hatte 1239 vom Kaiser in Konstantinopel die wichtigste Passionsreliquie erstanden: die vermeintliche Dornenkrone Christi. Die kostbaren Glasmalereien, die noch zu zwei Dritteln aus dem 13. Jh. stammen, illustrieren meisterhaft das biblische Geschehen von der Genesis bis zur Passionsgeschichte und enden mit der Schilderung der Überführung der Dornenkrone nach Paris. Heute dient die Sainte-Chapelle nicht mehr als Kirche, und die Dornenkrone wird in der Schatzkammer von Notre-Dame aufbewahrt. In der Sainte Chapelle werden häufig klassische Konzerte gegeben, die in den Programmheften *L'Officiel* oder *Pariscope* › S. 39 angekündigt werden. (6, blvd. du Palais, tgl. März–Okt. 9.30–18, sonst 9 bis 17 Uhr, 15.5–15.9 Mi bis 21 Uhr.)

Hochgotische Baukunst: die Sainte-Chapelle

Conciergerie 4

Überreste des mittelalterlichen Königspalasts auf der Île de la Cité lassen sich noch in der Conciergerie besuchen. Wer allerdings königlichen Prunk erwartet, wird enttäuscht, denn nur die Untergeschosse der ehemaligen Burg haben die Jahrhunderte überdauert. Der König hatte seinen Verwalter, den *Concierge*, zurückgelassen, als er Ende des 14. Jhs. in den Louvre übersiedelte. Zu sehen sind noch die Palastküchen mit vier riesigen Kaminen. Der »Saal der Waffenträger«, der Aufenthaltsraum der königlichen Leibgarde, ist einer der besterhaltenen profanen Säle aus der Zeit der Gotik.

Erst-! klassig

Berühmt-berüchtigt war die Conciergerie jedoch wegen der vielen Todeskandidaten, die hier während der Französischen Revolution gefangen gehalten wurden. Marie-Antoinette verbrachte dort die letzten Wochen vor ihrer Hinrichtung in einer verhältnismäßig komfortablen Einzelzelle, die 1989 rekonstruiert wurde. (Eingang: 2, blvd. du Palais, geöffnet wie Sainte-Chapelle › S. 64; ein Kombiticket für beide Sehenswürdigkeiten kostet 12,50 €).

*Place Dauphine 5

Über den Quai d'Horloge kommt man zur ruhigen begrünten Place Dauphine ganz im Westen der Île de la Cité. Von der Anfang des 17. Jhs. errichteten einheitlichen Bebauung sind nur noch die Pavillons erhalten, die den Zugang zum Platz am Pont-Neuf markieren.

Dennoch lässt sich der typische Baustil der damaligen Zeit erkennen: Sorgsam behauene Steinquader fassen dekorativ die Fenster und Türen der Pavillons ein, dazwischen dienen dunklere Ziegelsteine als Füllmaterial.

**Pont-Neuf 6

Die »Neue Brücke«, ist tatsächlich die älteste der noch erhaltenen Pariser Brücken. Neuartig war die 1607 fertiggestellte Brücke, weil zum ersten Mal Gehsteige auf beiden Seiten des Fahrwegs die bis dahin übliche Bebauung mit Häusern ersetzten. Gleich nach ihrer Vollendung wurde sie zum Zentrum des Pariser Lebens. Hier, unter dem Denkmal König Heinrichs IV., zeigten allerlei Gaukler und Wanderschauspieler ihre Possen.

Unterhalb der Brücke liegt eine Oase der Ruhe: Hinter dem Reiterstandbild führen Treppen zu einer kleinen Grünanlage an der schmalen langen Spitze der Île de la Cité. Bei gutem Wetter wird sie abends oft von Paris-Liebhabern belagert, die bei einem Glas mitgebrachtem Rotwein die vielen Seine-Boote dicht an sich vorbeiziehen lassen.

Erst-! klassig

Zwischenstopp: **Weinbar**

Unter dem Standbild Heinrichs IV. lädt die kleine **Taverne Henri IV** zu einer Rast ein › S. 28.

*Institut de France 7

In einem schönen Kuppelbau des frühen 17. Jhs. residiert eine der ehrwürdigsten akademischen Einrichtungen Frankreichs, das Institut de France. Fünf Akademien sind unter seinem Dach vereint. Die berühmteste unter ihnen, die Académie française, wacht über die Reinhaltung der französischen Sprache.

*Pont des Arts 8

Anfang des 19. Jhs. entstand diese erste aus Gusseisen und Holz in Paris errichtete Passerelle, die Fußgängern vorbehalten war. Die »Brücke der Künste« führt hinüber zum Louvre. Der Rundumblick vom Pont des Arts ist einmalig, fühlt man sich hier doch wirklich im Herzen von Paris. Vielleicht

Erst-! klassig

› Karte S. 62

Eine gläserne Pyramide bildet den modernen Eingang zum Louvre

auch deshalb hängen verliebte Paare hier ein Vorhängeschloss ans Geländer und werfen den Schlüssel in die Seine …

2 ***Louvre 9

Der Weg vom Pont des Arts zum Louvre führt direkt in dessen **Cour Carré**, den großen quadratischen Hof. Hier begann und endete die Geschichte des Louvre als königliche Residenz. Es war Ludwig XIV., der die riesige Cour Carré entstehen ließ. Nur die westliche Fassade, die bereits in der Renaissance entstanden war, verschonte er in seiner Bauwut. Die letzten Reste der mittelalterlichen Burg des 13. Jhs. verschwanden dabei allerdings. So vergrößerte der Sonnenkönig den Kernbau um das Vierfache. Die Mauern der alten Burg liegen heute unterhalb des Platzniveaus der Cour Carré, und man kann sie beim Besuch des Louvre besichtigen. Ludwig XIV. sollte es jedoch nicht mehr lange im Louvre aushalten. Er siedelte 1682 samt Hofstaat endgültig nach Versailles › **S. 131** über. Den Louvre ließ er als Baustelle zurück.

Seit dem 14. Jh. diente der Louvre den französischen Königen als Hauptstadtresidenz. Der Umbau der ursprünglichen Festung am Stadtrand zum königlichen Schloss begann unter Karl V. in der Mitte des 14. Jhs. Die westliche Seite der Cour Carré, der sog. **Lescot-Flügel**, zeigt deutlich den Einfluss der italienischen Renaissance, die durch die Feldzüge Franz' I. aus Italien nach Frankreich gelangte. Sein Sohn Heinrich II. führte die Arbeiten am Louvre fort. Dessen Frau jedoch, Katharina de' Medici, scheint den Louvre nicht besonders geschätzt zu haben. Sie ließ um 1660 knapp 500 m weiter westlich ein zweites Schloss errichten. Mit der Fertigstellung dieses Tuilerienschlosses entstand der Plan, beide Anlagen durch eine prunkvolle Galerie miteinander zu verbinden. Die **Grande Galerie**, in der heute die italienische Malerei des Louvre von Cimabue bis Leonardo gezeigt wird, wurde unter Heinrich IV. zu Beginn des 17. Jhs. fertiggestellt. Vom Tuilerienschloss ist heute nichts mehr übrig, es brannte 1871 ab.

Nach dem Umzug des *Roi-Soleil* nach Versailles wurden im Louvre Ateliers und Wohnungen für Maler und Bildhauer eingerichtet. Auch wurden hier Teile der königlichen Bildersammlung aufbewahrt.

Gut 100 Jahre später öffnete die Revolutionsregierung den Louvre als Museum für das Volk. Napoleon I., Ludwig XVIII. und Napoleon III. ließen später den Louvre nochmals erweitern, und so ist er in weiten Teilen tatsächlich ein Bauwerk des 19. Jhs. Unter Mitterrand wurde der Louvre zu dem, was er heute ist: das Museum mit der größten Ausstellungsfläche der Welt.

Das markante Aushängeschild des Louvre ist die 1989 vom amerikanischen Architekten Ieoh Ming Pei entworfene gläserne **Pyramide**, die den großen zentralen Eingangsbereich überfängt und durch die jährlich über neun Millionen Besucher ins Innenleben des Museums eintauchen.

In der großen Halle unter der über 20 m hoch aufragenden Glaspyramide stehen Besucher vor der Qual der Wahl, für welchen der drei Flügel des Louvre sie sich entscheiden sollen. Das Eintrittsticket, das am Schalter oder Automaten gelöst werden kann, berechtigt natürlich zum Besuch aller drei Flügel.

Info

- Geöffnet tgl. außer Di 9–18 Uhr; Mi, Fr bis 21.45 Uhr.
- Vorab kann man Tickets online oder in Geschäften wie FNAC, Le Bon Marché, Printemps, Galeries Lafayette oder BHV erwerben.
- Das reguläre Ticket gilt auch für das Musée Delacroix › **S. 110**.
- Eintritt frei am ersten Sonntag im Monat und am 14.7., für Besucher unter 26 Jahren jederzeit (aus Mitgliedsstaaten der EU, sonst unter 18 Jahren).
- Nicht alle Säle sind täglich zugänglich. Tagesaktuelle Infos auf Bildschirmen, Flugblättern und im Internet:
- www.louvre.fr.

Erst-! klassig

Der Richelieu-Flügel

Im nördlichen, meist etwas weniger besuchten Richelieu-Flügel findet man vor allem niederländische, flämische und deutsche Meister. Liebhaber von **Brueghel**, **Vermeer**, **Rembrandt**, **Rubens**, **Holbein**, **Dürer** und **Cranach** kommen hier auf ihre Kosten. Rubens' berühmtem Medici-Zyklus ist ein eigener Saal gewidmet. Die Verherrlichung des Lebens seiner Auftraggeberin Maria de' Medici gelang dem barocken Flamen meisterhaft.

Die Appartements von Napoleon III., in dem später auch der französische Finanzminister residierte, bevor Mitterrand den gesamten Louvre der Kunst widmete, sind ebenfalls einen Besuch wert. Im Erdgeschoss dieses Flügels sind die orientalischen Altertümer zu bewundern, z.B. der **Thronsaal von Khorsabad** aus dem 8. Jh. v. Chr.

Der Denon-Flügel

Die meisten Besucher zieht es zweifellos in den Denon-Flügel, wo die berühmtesten Werke des Louvre zu sehen sind. Der obligatorische Weg durch die *Grande Galerie* führt vorbei an den Spitzenleistungen der italienischen Renaissance, an Gemälden **Mantegnas**, **Raffaels** und natürlich den wenigen erhaltenen Werken **Leonardo da Vincis.** Leonardos Porträt der **Mona Lisa** wurde ein eigener Raum gewidmet, in dem das Anfang des 16. Jhs. auf Holz gemalte Ölbild jetzt hinter Panzerglas allein auf einer riesigen Wand hängt. Nach Leonardos Tod kaufte es der französische König den Erben des Künstlers ab.

Gegenüber hängt als Kontrast das größte Bild des Louvre, die die Wandfläche ausfüllende Darstellung der Hochzeit zu Kanaan des Venezianers **Veronese.**

Venus von Milo

Einige Originale griechischer Skulpturen zählen ebenfalls zu den Schätzen im Denon-Flügel. Die **Nike von Samothrake** feierte einst eine gewonnene Seeschlacht und thront jetzt mit wehendem Gewand, aber ohne Haupt, oben im Haupttreppenhaus.

Ganz neu eröffnet und sensationell präsentiert ist die Abteilung mit der **Kunst des Islam** unter einer lichten Dachkostruktion mitten in einem der Höfe des Denon-Flügels.

In den riesigen Sälen der neoklassischen Malerei feiert Frankreich sich und seine Geschichte. Das großformatige Bild der (Selbst-)Krönung Napoleons in Notre-Dame von **Jacques-Louis David** schildert detailliert die Ereignisse und verherrlicht den Kaiser. Kritischer werden die Töne in den Bildern der Romantiker **Delacroix** und **Géricault.** Délacroix nimmt sich der Revolution von 1830 an und lässt die Freiheit auf den Barrikaden dem Volk mit Fahne voranschreiten (»Die Freiheit führt das Volk an«). Géricault schildert die dramatischen Umstände eines Schiffbruchs im »Floß der Medusa«.

Der Sully-Flügel

Der östliche Sully-Flügel mit dem Gang durch den ehemaligen Burggraben vermittelt einen Eindruck vom Louvre im Mittelalter. Weitere Attraktionen sind zunächst die **Venus von Milo,** die im 19. Jh. zufällig auf einem griechischen Acker ausgegraben wurde und die jetzt ihre marmornen Hüllen in der griechisch-römischen Abteilung fallen lässt. Einst befanden sich hier die privaten Gemächer der Anna von Österreich, der Mutter Ludwigs XIV. Prächtige Deckenfresken und Stuckarbeiten, die den Triumph des Sonnenkönigs feierten, haben sich auch in der Apollon-Galerie erhalten. Es ist zweifellos der beeindruckendste Raum des Louvre. Die herausragende **etruskische Abteilung** wird nur selten von den Besucherströmen heimgesucht und lädt daher zu einer besinnlichen Pause ein, der noch der Besuch der lohnenden **ägyptischen Abteilung** folgen sollte.

Zwischenstopp: **Restaurant**

Im Louvre finden sich mehrere Cafés und Restaurants. Wer die hohen Preise nicht scheut, sucht sich einen Platz unter den Arkaden mit Blick auf die gläserne Pyramide im Café Marly ●●●, einer Topadresse für französisch-innovative Küche.

Erst-! klassig

- Richelieu-Flügel
- Tel. 01 49 26 06 60, tgl. 8–2 Uhr

Musée de la Mode et du Textile 10

Im nordwestlichen Louvre-Flügel, fast an der Place des Pyramides, zeigt das Modemuseum wechselnde Präsentationen zur Geschichte der Mode und eine außergewöhnliche Sammlung von Kostümen, Accessoires und Kleidung aus dem 17. Jh. bis heute.

Im selben Gebäude widmet sich das **Musée des Arts décoratifs** französischem Kunsthandwerk und Savoir-vivre im Lauf der Jahrhunderte (gemeinsames Ticket, beide Museen Di–Fr 11–18, Do bis 21 Uhr, www.lesartsdecoratifs.fr).

*Jardin des Tuileries 11

Einst Schlosspark des Louvre, wurde der Jardin des Tuileries vom genialen Gartenarchitekten André Le Nôtre unter Ludwig XIV. umgestaltet. Die weitläufige und im streng symmetrischen französischen Gartenstil entworfene Anlage ist die grüne Lunge der Pariser Innenstadt, wie die allmorgendlich auftauchenden Scharen von Joggern zeigen.

Zwischenstopp: **Cafés**

Erholsamer geht es in den unter Bäumen versteckten Lokalen zu: den Louvre im Rücken, trifft man rechts in den Tuilerien zuerst auf das **Café Diane.** Gegenüber auf der linken Seite liegt die **Terrasse de Pomone**. Bei beiden Lokalen kann man nur draußen sitzen (Salate, Sandwichs, Omeletts).

Erst-! klassig

Weiter Richtung Concorde kommt rechts das **Café Reale** (Tel. 01 40 20 53 20) und gegenüber das **Café Renard** (Tel. 01 42 96 50 56); beide sind Restaurants, in denen man auch drinnen sitzen kann (9–20 Uhr).

*Musée de l'Orangerie 12

Am westlichen Ende des Tuileriengartens verbirgt sich in der Orangerie aus dem 19. Jh., ein Hauptwerk der Kunstgeschichte: der Seerosenzyklus »Nymphéas« des Impressionisten Claude Monet (1840–1926). Eine später erworbene exquisite Sammlung mit Meisterwerken von Renoir bis Soutine rundet den Kunstgenuss ab (tgl. außer Di 9–18 Uhr, www.musee-orangerie.fr).

Erst-! klassig

SPECIAL

Paris für Verliebte

Egal, ob gerade frisch oder schon seit einer kleinen Ewigkeit verliebt, die »Stadt der Liebe« macht ihrem Ruf immer noch alle Ehre. Ist ein Paris-Besuch *en amoureux* geplant? Folgende Tipps können Ihnen möglicherweise dabei behilflich sein.

Orte für romantische Stunden

In der begrünten Römerruine der **Arènes de Lutèce** (Eingang 49, rue Monge, Ⓜ Cardinal Lemoine) im Quartier Latin lässt sich gemeinsam entspannen, ebenso wie zwischen den Bronzewerken im Garten des **Musée Rodin** › S. 98. **Picknicken** kann man an allen Seine-Quais auf den Inseln, am schönsten aber sicher an der Spitze der Île de la Cité mit Blick auf den Pont des Arts.

Liebe geht durch den Magen

Im Bistrot **La Sardine** im Viertel Belleville hat man die Qual der Wahl: Tapas oder eher ein günstiges Tagesgericht? Abends gibts dazu oft auch Livemusik. Urig geht es im alten Tanzlokal **Guinguette de Neuilly** an der Seine zu. Karierte Tischdecken und Hausmannkost gehören auch hier zusammen.

- **La Sardine** ●
  32, rue Ste-Marthe
  Ⓜ Colonel Fabien
  Tel. 01 42 49 19 46
  www.barlasardine.com
  Tgl. 9–2, Sa, So ab 10 Uhr
- **Ginguette de Neuilly** ●
  12, blvd. Georges Seurat
  Île de La Jatte
  Ⓜ Pont de Levallois
  Tel. 01 46 24 25 04
  www.laguinguette.net
  Tgl. 12–14.30 und 19.39–22.30 Uhr

Tango oder Techno?

Am Canal St. Martin hat sich der **Point Éphémère** in einem alten Lagerhaus eingerichtet. Bar, Restaurant und vor allem Konzertsaal lohnen den Weg hierhin; bei warmen Temperaturen stehen Tische und Stühle bis ans Ufer. Im Untergrundclub **Glaz'Art** mit Möbeln vom Flohmarkt und Musik für beinahe jeden Geschmack sucht man schickes Clubpublikum vergebens. Ganz gemischt geht es am **Quai St-Bernard** am Seine-Ufer zu (Ⓜ Sully Morland, dann über den Pont de Sully). Hier trifft man sich bei schönem Wetter zum Tanzen zu Tango-, Salsa- oder Walzerrhythmen aus den Aktivboxen des mp3-Players.

- **Le Point Éphémère**
  200, quai de Valmy
  Ⓜ Jaurès
  Tel. 01 40 34 02 48
  www.pointephemere.org
  Restaurant tgl. 12–14.30, 20–23 Uhr, Bar 12–2, So bis 21 Uhr, Sa/So Brunch!
- **Glaz'Art**
  7–15, ave. de la Porte de la Villette
  Ⓜ Porte de la Villette
  www.glazart.com

Nachtfalter unterwegs

Wenn das Hotelbett noch warten soll und nach Mitternacht schon viele Läden schließen, dann gibt es noch die urige Kellerbar **Chez Georges**, in der die Zeit stehengeblieben zu sein scheint – und mit ihr die Preise. Wer sich anschließend noch den Gehörgang durchpusten lassen möchte, dem sei der Elektrosound im **4 elements** empfohlen, wo die Zeit bis zum frühen Morgen schnell vergeht.

- **Chez Georges**
  11, rue des Canettes
  Ⓜ Mabillon
  Tel. 01 43 26 79 15
  Mo–Sa 12–2 Uhr
- **4 elements**
  149, rue Amelot
  Ⓜ Oberkampf
  Tel. 01 47 00 34 11
  www.bar4elements.com
  Mi, Do 18–2, Fr bis 4, Sa 21–4 Uhr

»Liebesnester«

Romantik pur bieten die Zimmer der obersten Etage im **Timhotel Montmartre** › S. 19. Der Blick schweift über die Dächer von ganz Paris. Das **Hôtel Pratic** ist zwar einfach, aber mit viel Pariser Charme und liegt romantisch im Marais an der Place du Marché Ste-Catherine › S. 120.

- **Hôtel Pratic** ●●
  9, rue Dormesson
  Ⓜ St-Paul
  Tel. 01 48 87 80 47

Brunchen gehen

Morgens wird natürlich erst einmal ausgeschafen – doch wie wäre es dann mit einem späten Brunch an den Ufern des Canal St-Martin › S. 127 im **Chez Prune** (71, Quai de Valmy Ⓜ Jacques Bonsergent) oder gegenüber im **Hôtel du Nord** (102, Quai de Jemmapes, www.hoteldunord.org)?

Gemeinsam auf Achse

Nostalgisch (und romantisch) mit dem legendären 2CV durch Paris geschaukelt werden: **Paris Authentic** (Tel. 06 64 50 44 19, www.parisauthentic.com) macht's möglich. Der Paris-Kenner am Steuer spricht Französisch oder Englisch (je nach Dauer 20–120 €).

Rive Droite und Montmartre

Das Beste!

- Zur Weihnachtszeit an den Schaufenstern der Galeries Lafayette vorbeischlendern › S. 77
- In der Patisserie Ladurée in der Rue Royale (Nr. 16) *macarons* kosten › S. 76
- Bei Sonnenaufgang an einem Sonntag von Sacré-Cœur aus auf Paris hinunterschauen › S. 82
- Ein Orgelkonzert in der Kirche Saint-Eustache hören
- Beim Weinerntefest im Oktober am Montmartre mitfeiern › S. 85

Rund um die Opéra und im alten Hallenviertel geht es geschäftig zu, prächtige Einkaufspassagen laden zum Shopping ein. Weiter nördlich, am Montmartre, ist das Stadtbild dörflicher. Im ehemaligen Künstlerviertel drängen sich heute die Touristen.

Größer könnten die Gegensätze auf der rechten Seite der Seine, der »Rive Droite«, kaum sein. Wo einst die berühmten Pariser Markthallen standen, erstreckt sich nach deren Abriss vor über 30 Jahren eine riesige Fußgängerzone, in der es ständig wie in einem Bienenstock zugeht. Mehrere Metro- und RER-Linien begegnen sich hier im Untergrund, und tagsüber strömen ununterbrochen Menschen in die Geschäftsstraßen. Ein ähnliches Bild zeigt sich auf den großen Boulevards im weiten Umkreis um die alte Pariser Oper, doch es ist das Viertel der Banken und Versicherungen, deren Zentralen meist in protzigen Prestigebauten des 19. Jhs. im Stil des kaiserlichen Städteplaners Baron Haussmann untergebracht sind.

Weiter nördlich ändert sich das Stadtbild schlagartig. Den Übergang zum recht dörflich wirkenden Montmartre-Viertel bildet das Pariser Rotlichtmilieu um die Place Pigalle mit ihren Nachtbars, die tagsüber einen sehr müden Eindruck machen. Enge Straßenzüge führen dann zum Hügel hinauf. Der Montmartre, der »Berg der Märtyrer«, war bis ins ausgehende 19. Jh. ein Dorf für sich vor den Toren von Paris. Hier hinauf drängte an Wochenenden ein Teil der Pariser Bevölkerung, um sich auf Bällen und in Bistros für deutlich weniger Geld als in Paris amüsieren zu können. Heute belagern v. a. Touristen aus aller Welt den Montmartre-Hügel und suchen nach den Spuren von Malern wie Picasso, Derain oder Modigliani, die einst hier oben ihre Ateliers hatten. Und sie kommen natürlich auch wegen des atemberaubenden Ausblicks auf Paris, das ihnen hier zu Füßen liegt.

Werke à la Toulouse-Lautrec – angeboten auf der Place du Tertre

Straßenkünstler bieten am Montmartre ihre Dienste an

Touren rechts der Seine

Tour 5 Zwischen Louvre und Opéra

Tour-Übersicht:

Verlauf: **Forum Les Halles › Saint-Eustache › Galerie Véro-Dodat › Rue Saint-Honoré › Place du Marché Saint-Honoré › **Place Vendôme › Rue du Faubourg-Saint-Honoré › *Madeleine › **Opéra Garnier › Galeries Lafayette**

Dauer: ca. 2 Std. reine Gehzeit

Praktische Hinweise:

- **Startpunkt** ist Ⓜ Les Halles.
- Diese Tour sollte man werktags unternehmen, da an Sonn- und Feiertagen die meisten Geschäfte geschlossen haben.

Tour-Start:

Forum Les Halles 1

Die Enttäuschung ist groß, wenn man mit Emile Zolas Beschreibungen der Pariser Markthallen (»Der Bauch von Paris«) im Kopf dort ankommt, wo sie einst standen. Die berühmten, Mitte des 19. Jhs. in Eisen und Glas errichteten Hallen wurden in den 1970er-Jahren abgerissen. An ihre Stelle trat ein gigantisches Einkaufszentrum, das ästhetisch völlig misslang. Die Pariser Stadtväter entschieden vor einigen Jahren den Abriss. Nun ist Platz für ein ehrgeiziges Neubauprojekt, das allmählich Gestalt annimmt. Bis 2016 soll alles fertig sein (auf www.parisleshalles.fr gibt es einen computeranimierten Vorgeschmack).

Saint-Eustache 2

Ästhetisch entschädigt wird man jedoch durch die 1532 begonnene Kirche St-Eustache. An ihr lässt sich der Übergang in Kunst und Architektur vom Mittelalter zur Renaissance deutlich ablesen. Viele Details der im Grundriss noch gotisch konzipierten Kirche sind gemäß dem Vorbild der italienischen Renaissance umgedeutet. So sind z. B. die Wasserspeier keine beängstigenden Fabelwesen mehr, sondern nach italienischer Art verzierte Abflussrohre. Jeden So finden hier um 17.30 Uhr kostenlose Orgelkonzerte statt (Programm: www.saint-eustache.org). **Erst-! klassig**

Galerie Véro-Dodat 3

Von der Rue Jean-Jacques Rousseau zweigt eine der ältesten Pariser Passagen ab, angelegt im Jahr 1826. Sie ist ganz mit schwarz-weißen Marmorfliesen ausgelegt und mit Malereien dekoriert. Ihre Gasbeleuchtung stellte damals ein Novum in Paris dar. Heute gibt es hier vor allem Antiquitätenläden.

Zwischenstopp: Restaurant

Am Ende der Galerie liegt das **Café de l'Epoque ●●**, eines der Bistros, in dem noch das täglich wechselnde Menu mit Kreide auf die Tafel geschrieben wird.

- tgl. 7.30–23 Uhr

Comédie Française 4

Ludwig XIV. rief 1680 die älteste Institution in der französischen Theatergeschichte ins Leben. Die Schauspielertruppe aus dem Umkreis des großen Dramatikers Molière (1622–1673) spielte zunächst an unterschiedlichen Orten, bis sie um 1800 in dieses Gebäude einzog. Noch heute ist die Comédie Française die erste Adresse für Liebhaber des klassischen französischen Theaters (www.comedie-francaise.fr).

Place du Marché Saint-Honoré 5

Durch die Rue Saint-Honoré erreicht man die Place du Marché

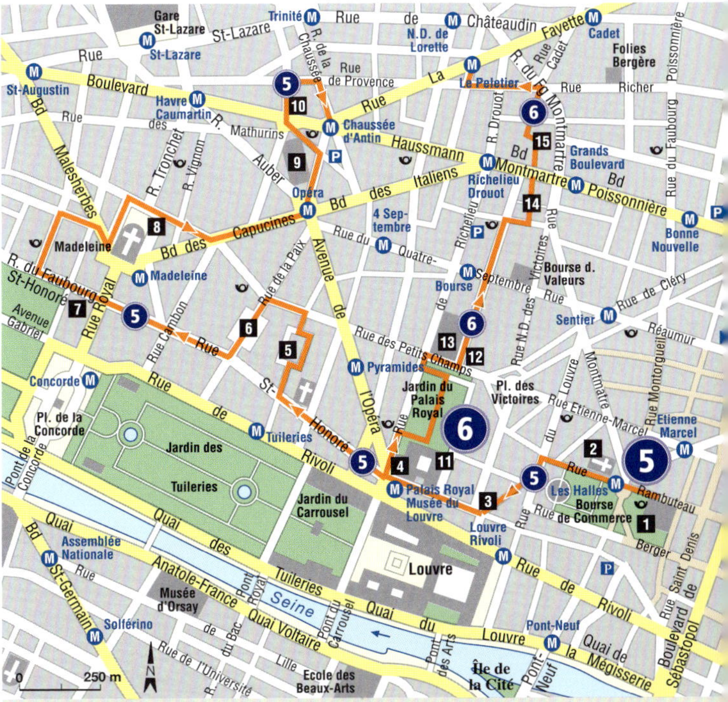

Touren rechts der Seine – Rive Droite

Tour 5

Zwischen Louvre und Opéra

1 Forum Les Halles
2 Saint-Eustache
3 Galerie Véro-Dodat
4 Comédie Française
5 Place du Marché Saint-Honoré
6 Place Vendôme
7 Rue du Faubourg-Saint-Honoré
8 Place de la Madeleine
9 Opéra Garnier
10 Galeries Lafayette

Tour 6

Passagenspaziergang

11 Palais-Royal
12 Galerie Vivienne
13 Bibliothèque Nationale
14 Passage des Panoramas
15 Passage Jouffroy

Saint-Honoré. Doch von einem echten Platz kann kaum noch die Rede sein, nachdem der katalanische Stararchitekt Riccardo Bofill 1997 ein üppig verglastes Bürogebäude darüber errichtete. Der Atmosphäre hat es jedoch nicht geschadet. Die umliegenden Cafés und kleinen Restaurants spiegeln sich in der Fassade.

Zwischenstopp: **Restaurant**

Erst-! klassig

Vor dem Bistro **Le Rubis,** einem der ältesten des Viertels, stehen große Weinfässer. Hier wird deftige Hausmannkost serviert. Besonders urig isst man in einer winzigen Gaststube auf der ersten Etage › S. 28.

**Place Vendôme 6

Äußerst nobel geht es seit Jahr und Tag auf der Place Vendôme zu, einem der fünf königlichen Plätze von Paris, wo Ludwig XIV. im Jahr 1699 sein Reiterstandbild aufstellen ließ. Heute ist die Place Vendôme vor allem bekannt für die vielen Juweliergeschäfte und natürlich das Hotel Ritz. Die Häuserfassaden um den quadratisch angelegten Platz sind alle gleich gestaltet. Das Sonnensymbol des Königs leuchtet an jeder Fensterbrüstung auf. Napoleon ließ 1810 nach römischem Vorbild die Triumphsäule in der Platzmitte zur Erinnerung an die siegreiche Schlacht von Austerlitz errichten. Reliefs versinnbildlichen das Geschehen auf dem Schlachtfeld, Napoleon blickt als römischer Imperator verkleidet von der Spitze der Säule in die Ferne.

Im Feinkostgeschäft Fauchon an der Place de la Madeleine

Rue du Faubourg-Saint-Honoré 7

Erst-! klassig

Von der schicken Rue Royale, in der die süßen Auslagen der exquisiten Patisserie Ladurée (Nr. 16, › S. 29) zu einer längeren Pause verlocken, zweigt die Modemeile Rue Faubourg St-Honoré ab. Als Erstes springt hier der Eckbau des Stammhauses der Nobelmarke **Hermès** › S. 32 ins Auge. Hoch oben auf dem Dach erinnert eine Reiterstatue daran, dass Hermès einst Sättel und Zaumzeug herstellte, bevor es als Modehaus bekannt wurde.

Folgt man der Straße weiter Richtung Westen, säumen Luxusboutiquen, Botschaften und das Eingangsportal zum Élysée-Palast, dem Sitz des französischen Präsidenten, den Weg.

Place de la Madeleine 8

Viele Pariser denken bei dieser Adresse in erster Linie an die beiden berühmten Delikatessentempel

Fauchon (Nr. 24–26; www.fauchon.com) und Hédiard (Nr. 21; www.hediard.fr). Bei beiden ist das Feinkostangebot so reichhaltig, dass man schon beinahe beim Hinschauen satt wird.

Erst-! klassig

Den Platz bestimmt jedoch der wuchtige Bau der ***Madeleine**-Kirche. Mitte des 18. Jhs. sollte an dieser Stelle ein der hl. Magdalena geweihter Kuppelbau entstehen. Mit der Errichtung wurde begonnen, die Revolution verhinderte jedoch den Weiterbau. In der Zeit Napoleons plante man statt der Kirche einen Ruhmestempel für die Grande Armée, der, in Form eines römischen Podiumtempels, 1842 vollendet wurde. Napoleons Niederlage führte schließlich zur Weihe des Baus als Gotteshaus.

**Opéra Garnier 9

Als nahezu Unbekannter hatte Charles Garnier 1861 den Architektenwettbewerb für den Neubau der Pariser Oper gewonnen. Viele Bildhauer bekamen Aufträge für die Gestaltung des Innenbereichs und der Fassaden. Prunk und Pracht prägen die Innenausstattung mit über 30 verwendeten Marmorsorten. Das Foyer, die Treppe und die Salons nehmen fast ein Drittel des Gebäudes ein und bieten reichlich Gelegenheit zum uralten Gesellschaftsspiel des Sehen-und-Gesehenwerdens.

Die Decke des Zuschauerraums schmückt seit 1964, einigen zur Freude, vielen zum Ärger, ein Gemälde von Marc Chagall. (Besichtigung der Oper tgl. 10–17, 16.7–5.9. bis 18 Uhr; 9 €, www.operadeparis.fr).

Einkaufsadresse und Sehenswürdigkeit: die Galeries Lafayette

Galeries Lafayette 10

Nördlich der Oper liegt am Boulevard Haussmann (Nr. 40) eines der prunkvollsten Kaufhäuser von Paris, die Galeries Lafayette, die im späten 19. Jh. ihre Tore öffneten. Vor allem die hoch aufragende Glaskuppel, die stilistisch zwischen der reichlich überladenen Belle Epoque und dem Jugenstil einzuordnen ist, sollte damals wie heute wohl dem ungehemmten Kaufrausch förderlich sein. Auf mehreren Etagen breiten alle großen Designer ihre Kreationen aus › S. 30. Von der Dachterrasse bietet sich ein herrlicher Ausblick auf das gegenüberliegende Opernhaus und die Innenstadt.

Erst-! klassig

SPECIAL

Stadt der Mode

Glamour, Eleganz und Extravaganz – das Epizentrum der Haute Couture liegt in Paris. Jedes Jahr im Frühling und im Herbst wartet die Modewelt auf die neuesten Kollektionen der Couturiers und jungen Designer.

Doch bei den Modeschauen gilt: geschlossene Gesellschaft. Karten gehen meist nur an Journalisten und reiche Kundinnen. Wenig später sind die Kollektionen in den Stammboutiquen der großen Couturiers zu bestaunen.

Klassiker der Haute Couture

Dem schnelllebigen Modebetrieb zum Trotz sind es nach wie vor die Avenue Montaigne › S. 91 und die Rue du Faubourg St-Honoré › S. 76, in denen sich die meisten Stammhäuser der Haute-Couture-Marken befinden. In der **Avenue Montaigne** (Ⓜ Franklin D. Roosevelt) reihen sich diskrete Luxusboutiquen von **Chanel** über **Dior** bis **Prada** und **Scherrer** aneinander. Die **Rue du Faubourg St-Honoré** (Ⓜ Concorde) zwischen Rue Royale und Place Beauveau schmückt sich mit Namen wie **YSL**, **Givenchy**, **Lanvin** oder **Hermès**.

Aktuelle Topadressen

In der Rue St-Sulpice (Ⓜ St-Sulpice) und Rue de Sevres drängen sich die Boutiquen der aktuellesten Designer(innen!) wie **Maje** (24, rue St-Sulpice oder 15, rue de Sèvres). Alle angesagten Modemacher an einem Ort versammelt findet man im **L'Eclaireur** in der Nähe der Madeleine (10, rue Boissy d'Anglas, Ⓜ Concorde, Tel. 01 53 43 03 70, www.leclaireur.com, Mo–Sa 11–19) oder natürlich im nahe gelegenen »Concept Store« von **Colette** › S. 32.

Outlet-Stores

Es gibt auch Lagerverkäufe der großen Marken, bekannt als *stocks* oder *outlets*. Viele liegen im Süden an der Rue d'Alésia (Ⓜ Alésia): **Sonia Rykiel** (Nr. 64), **Carven** (Nr. 107), **Cacharel** (Nr. 114), **Chevignon** (Nr. 122) oder **Evolutif** mit Marken wie **Kenzo** oder **YSL** (Nr. 72).

Richtiges Outlet-Shopping findet im **La Vallée Village** statt. Dutzende von Outlet-Stores von **Agnès B.** bis **Zadig & Voltaire** finden sich hier (RER A Richtung Marne-la-Vallée-Chessy bis Station Val d'Europe, ca. 30 Min., tgl. 10–19, So ab 11 Uhr www.lavalleevillage.com).

Secondhand

Haute Couture aus zweiter Hand kann eine Alternative sein:

- **Réciproque**
  Luxus-Secondhand auf 700 m².
  89–101, rue de la Pompe
  Ⓜ Rue de la Pompe
  www.reciproque.fr
  Di–Sa 11–19 Uhr
- **Dépôts-Vente de Passy**
  14, rue de la Tour
  Ⓜ Trocadéro oder Passy
  www.depot-vente-paris.fr
  tgl. 10.30–19.30, Mo ab 14.30 Uhr
- **Chercheminippes**
  Die größte Auswahl in sechs Läden.
  102–114, rue du Cherche-Midi
  Ⓜ Vaneau oder Duroc
  www.chercheminippes.com
  Mo–Sa 11–19 Uhr

Vintage – Klassiker

Wer sich für Mode begeistert, wird auch deren Klassiker lieben. Vintage-Kleidung lässt sich erstehen in Spezialboutiquen wie **Ragtime** (23, rue de l'Echaudé, Ⓜ Odéon) oder im Garten des Palais Royal bei **Didier Ludot** in den beiden Boutiquen **La Petite Robe Noire** (»das kleine Schwarze«) und **Vintage Haute Couture** (20–24, Galerie Montpensier und 125, Galerie de Valois, Jardin du Palais Royal, Ⓜ Palais Royal–Musée du Louvre, www.didierludot.fr, tgl. 10.30–19 Uhr).

»Dégriffés« – Mode vom Vorjahr

Restbestände der Modekollektionen mit zumeist entfernten Etiketten bieten an:

- **Mouton à cinq pattes**
  8, rue St-Placide
  Ⓜ Sèvres-Babylone
  Mo–Sa 10–19 Uhr
- **L'Annexe des créateurs**
  19, rue Godot de Mauroy
  Ⓜ Madeleine
  Di–So 11–19 Uhr

Stoffe

Eine riesige Auswahl an Stoffen gibt es am Fuß des Montmartre:

- **Tissus Reine**
  3–5, place St-Pierre | Ⓜ Anvers
  Di–Sa 9.30–18.30 Uhr, Mo ab 14 Uhr
- **Dreyfus – Marché Saint Pierre**
  2, rue Charles Nodier (gleich neben Tissus Reine)
  Mo–Sa 10–18.30 Uhr

Modegeschichte

Das sehenswerte **Musée de la Mode et du Textile** › S. 69 widmet sich der Geschichte der Mode vom 17. Jh. bis in die Gegenwart (tgl. außer Mo 11–18, Sa, So ab 10, Do bis 21 Uhr).

Tour 6 Passagenspaziergang

Tour-Übersicht:

Verlauf: ****Palais-Royal › Jardin du Palais-Royal › **Galerie Vivienne › Rue Vivienne › Bibliothèque Nationale › Passage des Panoramas › Passage Jouffroy › Passage Verdeau-Drouot › Rue du Faubourg Montmartre**

Dauer: ca. 1 Std. reine Gehzeit

Praktische Hinweise:

- Startpunkt ist Ⓜ Palais Royal – Musée du Louvre. Am frühen Nachmittag kann man zuerst im Jardin du Palais Royal auf einer Parkbank entspannen und später in der Passage Jouffroy im Teesalon Le Valentin hausgemachte Tarte probieren.

Tour-Start:
**Palais-Royal 11

Nach dem Tod Kardinal Richelieus, der sein im 17. Jh. errichtetes Palais der königlichen Familie vermacht hatte, wurde es Anna von Österreich und dem noch minderjährigen Ludwig XIV. bewohnt. Daher rührt der Name Palais-Royal, königliches Palais. Heute ist das Palais-Royal Sitz des französischen Staatsrats und des Kulturministeriums.

Kurz vor der Revolution ließ der Duc d'Orléans den Garten umbauen. Unter den Kolonnaden, die den Jardin du Palais-Royal heute einrahmen, zogen Geschäfte, Cafés und Salons ein, die bald überaus beliebt waren. Hier trafen sich unbehelligt von der Polizei, dafür gedeckt durch den Herzog, mit Vorliebe die politisch engagierten Zeitgenossen. Nur so ist es zu erklären, dass Camille Desmoulins hier zwei Tage vor dem 14. Juli 1789 zum Umsturz aufrufen konnte. Der an allen Seiten umbaute Garten **Jardin du Palais-Royal** ist heute eine Oase der Erholung.

Zwischenstopp: Restaurant

Unter den Kolonnaden an der Nordseite des Palais Royal verspricht in denkmalgeschütztem Interieur der Kaiserzeit das Drei-Sterne-Restaurant **Le Grand Véfour** kulinarische Höchstleistungen › **S. 24**.

**Galerie Vivienne 12

3

Bevor im Paris des ausgehenden 19. Jhs. die Kaufhäuser, die *grands magasins*, entstanden, gab es für das konsumfreudige Bürgertum eigentlich nur einen Ort zum Geldausgeben: die mit Glas überdachten Passagen, in denen man auch bei Regenwetter unbeschwert von einem Geschäft zum nächsten flanieren konnte.

Ein besonders prächtiges Beispiel hierfür ist die Galerie Vivienne mit ihren kunstvollen Mosaikböden und grazilen Reliefs an den weit gespannten Arkaden, zwischen denen sich auch heute noch Geschäfte, Restaurants und der schöne Teesalon A Priori Thé › **S. 29** befinden. Erstklass

Seit 1986 ist hier auch der extravagante Modeschöpfer Jean-Paul Gaultier mit einem Geschäft vertreten (Eingang: 6, Rue Vivienne, › **S. 32**).

Zwischenstopp: Restaurant

Le Grand Colbert ●●
Die stilvolle Brasserie liegt in der benachbarten, weniger besuchten Galerie Colbert.

- 2, rue Vivienne
- Tel. 01 42 86 87 88
- www.legrandcolbert.fr
- tgl. 12–01 Uhr

Bibliothèque Nationale 13

Den Grundstock für die heute zwölf Millionen Bände umfassende Nationalbibliothek legte 1537 der Renaissancemonarch Franz I., der Drucker und Verleger zur Ablieferung je eines Exemplars jedes Buches verpflichtete, das in Frankreich gedruckt wurde.

Platzmangel führte dazu, dass Ende der 1990er-Jahre im Auftrag von Präsident Mitterrand ein spektakulärer Bibliotheksneubau am Seine-Ufer im Pariser Osten errichtet wurde. Im Altbau werden heute noch wertvolle Handschriften, historische Fotografien und die Theater- und Musikaliensammlung des Staates aufbewahrt.

Passage des Panoramas 14

Hinter dem an einen antiken Tempel erinnernden Bau der Börse taucht in der Rue Saint Marc der Eingang zu einer weiteren Pariser Passage auf: Die Passage des Panoramas ist eher schmal, hat aber eine Reihe interessanter Geschäfte. Viele winzige Restaurants reihen sich hier aneinander, und der denkmalgeschützte Laden des Graveurs Stern (leider ständig wechselnde Pächter) zeugt von vergangener Pracht.

In der Galerie Vivienne

Die Passage führt auf den breiten Boulevard Montmartre zu, einer jener Grands Boulevards, die zu den berühmtesten Straßenzügen der Stadt gehören.

Passage Jouffroy 15

Nach der Überquerung des Boulevards fällt der Blick sofort in die Passage Jouffroy. Direkt daneben ist der Eingang zum Wachsfigurenmuseum **Musée Grévin** (10, blvd. Montmartre, www.grevin.com, tgl. 10–18.30 Uhr).

Einige Antiquitätenläden, ein originelles Spazierstockgeschäft und vor allem das kleine, sehr familiär geführte Hotel Chopin › S. 19 fast am Ende der Passage sind in der Passage Jouffroy sehenswert.

Nicht ohne Grund immer gut besucht ist auch der vorzügliche Teesalon Le Valentin (9.30–19.30, So

Erst-! klassig

10–19 Uhr) mit seinem verlockenden süßen Kleingebäck.

Die Passage Jouffroy geht beinahe nahtlos in die ruhigere Passage Verdeau-Drouot über. Dann erreicht man die Rue du Faubourg Montmartre, die nördlich zur Metrostation Le Peletier führt.

Zwischenstopp: Restaurant

Von der Ⓜ Le Peletier aus wieder in Richtung der Boulevards, liegt auf der Ecke Rue Le Peletier/Rue Rossini seit über 100 Jahren das **Au Petit Riche,** eines der traditionsreichsten Pariser Restaurants › **S. 26.**

Erst-! klassig

Tour 7 Auf dem **Montmartre

Tour-Übersicht:

Verlauf: ***Sacré-Cœur › St-Pierre de Montmartre › Place du Tertre › Vigne du Clos Montmartre › Villa Léandre › Place Emile Goudeau › Place des Abbesses › **Cimetière de Montmartre › Moulin Rouge › Place de Clichy**

Dauer: 2 Std. reine Gehzeit

Praktische Hinweise:

- Ausgangspunkt ist Ⓜ Anvers.
- Früh am Tag zum Montmartre aufbrechen, denn die Besucherströme nehmen schnell zu.

Tour-Start:

Direkt gegenüber der Metrostation Anvers bietet die kleine Rue Briquet einen imposanten Blick hinauf zur Kirche Sacré-Cœur.

An bunten Stoffgeschäften vorbei führt der Weg zur Place Saint-Pierre am Fuß des Hügels. Keine 150 Jahre ist es her, dass der Vorort Montmartre Paris eingemeindet wurde. Sein dörflicher Charakter mit damals noch Dutzenden von Windmühlen zog die Pariser an, wenn sie sich für wenig Geld amüsieren wollten. Um 1900 gesellten sich dann junge Künstler wie Picasso, Modigliani oder Derain hinzu, denn die Mieten für Ateliers waren am Montmartre noch günstig. Der erste Pariser Bischof, der hl. Dionysius (Saint Denis), soll im 3. Jh. hier von römischen Soldaten geköpft worden sein. So kam der »Berg der Märtyrer« zu seinem Namen. Mit der Standseilbahn *(funiculaire)* oder zu Fuß über die steile Treppenanlage mit ihren knapp 250 Stufen lässt sich die höchste Pariser Erhebung erklimmen. Der fantastische Ausblick auf Paris lohnt die Mühe – trotz Touristenmassen und fliegender Souvenirhändler, die sich in den Gassen und auf den vielen Treppen des Montmartre-Hügels drängen.

Erst-! klassig

*Sacré-Cœur 16

Weithin sichtbar thront die Basilika über der Stadt. 1873 beschlossen einige Privatleute, dem Glauben in Frankreich wieder ein deutliches Zeichen zu setzen und ein neues Gotteshaus an einer markanten Stelle zu errichten.

Der Bau ist aus einem besonderen Kalkstein errichtet, der sich bei Regen immer wieder selbst weiß wäscht. Seine Errichtung war mit großen technischen Problemen verbunden, denn der Untergrund erwies sich als zu instabil für den gewaltigen Kirchenbau, weil der Montmartre als Kalkabbaugebiet von weitläufigen Stollen durchzogen ist. Bis nach dem Ersten Weltkrieg sollten sich die Bauarbeiten hinziehen. Im Inneren zeigt ein über 500 qm großes goldgrundiges Mosaik den alles überragenden Christus, dem nicht nur die französischen Heiligen und Kirchenfürsten huldigen, sondern auch das Volk von Paris und die fünf Kontinente. Symbolisiert sind Letztere etwa durch Indianerinnen mit Federschmuck oder Japanerinnen in traditioneller Tracht (tgl. 6–22.30 Uhr, Krypta und Kuppel mit fantastischer Rundsicht tgl. 9 bis 17.45 Uhr, www.sacre-coeur-montmartre.com).

St-Pierre de Montmartre 17

Die 1147 geweihte Petruskirche gehört zu den ältesten in Paris. Sie war ursprünglich Teil der Benediktinerinnenabtei, die bis zur Französischen Revolution große Bereiche des Montmartre-Hügels einnahm. In Teilen noch romanisch und im Chor frühgotisch, stellt sie einen deutlichen Kontrast zum historisierenden Monumentalbau von Sacré-Cœur dar. Der unregelmäßige Innenraum birgt auch vier marmorne Säulen, die aus einem gallorömischen Tempel stammen. Die modernen Kirchenfenster von Max Ingrand sind ebenso sehenswert wie die modernen Bronzetüren mit Szenen aus dem Leben des hl. Petrus.

Erst-! klassig

Weit schweift der Blick von Sacre-Cœur über Paris

Place du Tertre 18

Der alte Marktplatz des einstigen Dorfes Montmartre ist heute das unbestrittene Zentrum des Tourismus der *butte* (Hügel): Ein Bistro reiht sich an das nächste – und alle verlangen für die exponierte Lage Preiszuschläge. In der Platzmitte unter Bäumen haben Dutzende von Künstlern ihre Staffeleien aufgestellt und bieten Kunst in ganz unterschiedlicher Qualität und Originalität. Porträtmaler mit Zeichenblöcken unter dem Arm buhlen um die Gunst der Passanten, um gegen Bares ein Bildnis anfertigen zu dürfen. Willige finden sich immer.

Musée du Montmartre 19

Das kleine Museum zeigt in einem Herrenhaus des 17. Jhs. eine vom »Verein der Freunde des Alten

Montmartre« zusammengetragene Sammlung zum Leben in der Zeit um die Wende vom 19. zum 20. Jh. (tgl. 10–18 Uhr, www.museedemontmartre.fr). Das Treiben der künstlerischen Bohème wird ebenso gezeigt wie die Geschichte des Montmartre seit der Gründung des Frauenklosters im 12. Jh.

Vigne du Clos Montmartre 20

Zu Beginn der 1930er-Jahre besetzten die Montmartre-Bewohner aus Protest gegen ein geplantes Immobilienprojekt das abschüssige Gelände unterhalb des heutigen Musée du Montmartre. Sie konnten sich durchsetzen und legten anschließend einen Weinberg an. Seit 1934 gedeiht hier deshalb der »Clos de Montmartre«.

Knapp 1000 kg Trauben, überwiegend der Sorte Gamay, werden hier jeden Herbst geerntet. Ein im Bürgermeisteramt des 18. Arrondissements tätiger Kellermeister füllt jährlich 1500 Flaschen des Rot-

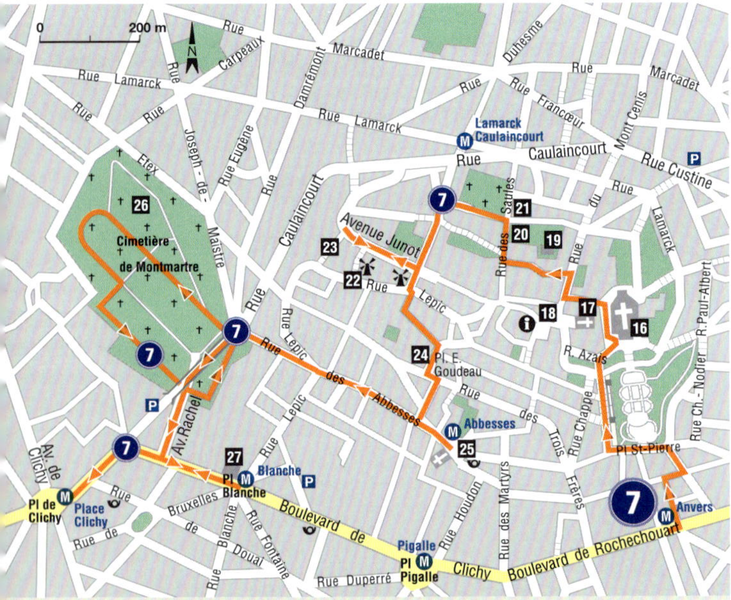

Tour rechts der Seine – Montmartre

Tour 7

Auf dem Montmartre

- 16 Sacré-Cœur
- 17 Saint-Pierre-de-Montmartre
- 18 Place du Tertre
- 19 Musée du Montmartre
- 20 Vigne du Clos Montmartre
- 21 Cabaret au Lapin Agile
- 22 Moulin de la Galette
- 23 Villa Léandre
- 24 Bateau Lavoir
- 25 Place des Abbesses
- 26 Cimetière Montmartre
- 27 Moulin Rouge

weins ab. Auch wenn er nicht als besonders edler Tropfen bekannt ist, reißen sich dennoch alljährlich auf einer Versteigerung die Bieter um diese Weinkuriosität. Der Erlös kommt sozialen Einrichtungen des Viertels zugute.

Erst-! klassig

Wo es Wein gibt, darf auch ein zünftiges Fest nicht fehlen. In der ersten Oktoberhälfte trifft man sich am Montmartre daher zur Fête des vendanges, die nach einigen Tagen mit einem großen Feuerwerk ihren krönenden Abschluss findet (Infos zu den genauen Daten: www.fetedesvendangesdemontmartre.com).

Cabaret au Lapin Agile 21

Das Lapin Agile war einer der Treffpunkte der Künstlergruppe um Pablo Picasso. Heute erklingen Chansons in dem als Cabaret bezeichneten Wirtshaus, in dem es allerdings nichts zu essen gibt, dafür aber urige Stimmung bis weit nach Mitternacht. Das Bild eines Hasen *(lapin)* an der Fassade des winzigen Hauses, der mit einer Weinflasche in den Pfoten einer Kasserolle zu entkommen sucht, wurde 1875 vom Karikaturisten André Gill gemalt (tgl. außer Mo 21–2 Uhr, Tel. 01 46 06 85 87, www.au-lapin-agile.com).

*Moulin de la Galette 22

Als einzige von ehemals mehreren Getreidemühlen blieb die Moulin de la Galette im Original erhalten. Sie stammt vom Beginn des 17. Jhs., wurde aber erst berühmt, als man sie im 19. Jh. stilllegte und auf ihrem Gelände eine *guinguette*, eine Gartenwirtschaft unter Kastanien, einrichtete. Die *petits-bourgeois* (Kleinbürger) kamen an Sommerabenden und Wochenenden in Scharen hierher.

Villa Léandre 23

Etwas versteckt liegt die kleine Sackgasse, die vor allem wegen ihrer englisch anmutenden Reihenhausarchitektur sehenswert ist. Die Bewohner von Hausnummer 10 scheinen hierauf besonders stolz zu sein. Zudem aber beweisen sie Humor, denn neben ihrer Eingangstür ist offensichtlich ein Originalschild der Londoner Downing Street No. 10 angebracht, dem Sitz des englischen Premierministers.

Bateau-Lavoir 24

In dem Atelierhaus auf der Westseite der Place Emile-Goudeau lebten zu Beginn des 20. Jhs. die talentiertesten Künstler ihrer Zeit. Pablo Picasso schuf hier im Jahr 1907 »Les Demoiselles d'Avignon«, das als erstes kubistisches Bild der Welt gilt.

Vom ursprünglichen Bau ist allerdings nicht mehr viel übrig: Ein Großteil der historischen Bausubstanz wurde bei einem Brand Anfang der 1970er-Jahre vernichtet. Heute arbeitet im Bateau-Lavoir der künstlerische Nachwuchs in Ateliers, die für die Öffentlichkeit nicht zugänglich sind.

Place des Abbesses 25

Der Platz ist benannt nach den letzten Äbtissinnen *(abbesses)*, die während der Revolution ihr Leben lassen mussten. Heute spielen hier Kinder, und Rentner treffen sich unter den Bäumen zu einem Schwätzchen.

Die Kirche St-Jean-de-Montmartre war um 1900 eines der ersten aus Stahlbeton errichteten Gotteshäuser in Paris. Allerdings wurde sie mit Ziegelsteinen und orientalisch anmutenden glasierten Fliesen verkleidet, um den Beton zu kaschieren.

Ganz andere Formen fallen beim glasüberdachten Metroeingang auf: Der Architekt Hector Guimard hatte 1900 den Auftrag bekommen, alle Pariser Metroeingänge zu gestalten und orientierte sich an den floralen Motiven des reifen Jugendstils.

Zwischenstopp: Restaurants

A la Pomponette ●–●●

Erst-! klassig

Im vielleicht urigsten Bistro des Viertels kann man traditionell französisch essen.

- 42, rue Lepic
- Tel. 01 46 06 08 36
- (Di–Sa 12–14.30, Mo–Sa 19–23 Uhr).

Les Deux Moulins ●–●●

Eigentlich ist dies ein ganz normales Café, wäre es nicht Drehort für »Die fabelhafte Welt der Amélie« gewesen.

- 15, rue Lepic
- Tel. 01 42 54 90 50
- Mo–Fr 7–2, Sa 7.30–2, So 9–2 Uhr

La Fourmi ●

Wer Lust auf Kaffee oder ein Sandwich hat, kann diese schick gestylte und auch für Abende angesagte Bar ansteuern.

- 74, rue des Martyrs,
- Mo–Do 8.30–2, Fr, Sa bis 4, So 10–14 Uhr

**Cimetière de Montmartre 26

Neben dem Père Lachaise im Osten und dem Friedhof Montparnasse ist dies der dritte der großen um 1800 angelegten Friedhöfe der Stadt. Sie ersetzten die innerstädtischen Anlagen, die nach 1780 geschlossen wurden.

Auf dem stimmungsvollen Friedhof ruhen Berühmtheiten wie die Brüder Goncourt, Heinrich Heine und Stendhal, Jacques Offenbach und Hector Berlioz, der Maler Edgar Degas und die Schlagersängerin Dalida, Sacha Guitry und François Truffaut (Mitte März bis Anfang Nov. Mo–Fr 8–18, sonst bis 17.30, Sa ab 8.30, So ab 9 Uhr).

Moulin Rouge 27

Die rote Mühle an der Place Blanche dreht sich schon seit 1889. Ins Moulin Rouge, den angesagtesten Pariser Ballsaal jener Zeit, zog es vor allem Henri de Toulouse-Lautrec, der hier eine Zeit lang fast zu Hause war. Die kunstvoll stilisierten Milieuschilderungen, die er malte, machten das Moulin erst richtig bekannt. Stars wie die Mistinguett traten hier auf. Auch heute schwingen allabendlich die Tänzerinnen des Moulin-Rouge-Ensembles ihre Beine zum Cancan, der hier vor über 100 Jahren erfunden wurde. (Diner um 19 Uhr mit Show um 21 Uhr 180–210 €; nur Show um 21 oder 23 Uhr 100–110 €; › S. 39).

Goldstatuen am Trocadéro vor dem beleuchteten Eiffelturm

Der Westen

Das Beste!

- **Auf den Eiffelturm** bei klarem Wetter bis zur obersten Etage hinauffahren › S. 95
- **Den »vertikalen Garten«** des Musée du Quai Branly bewundern › S. 96
- **Den Eiffelturm bei Dunkelheit** jeweils zur vollen Stunde funkeln sehen › S. 95
- **Vor Weihnachten** die beleuchteten Champs-Élysées hinaufschlendern › S. 89

› Karte S. 92

Westlich der Innenstadt befinden sich die monumentalen Wahrzeichen von Paris: Die Prachtstraße Champs-Elysées mit dem Arc de Triomphe und natürlich der Eiffelturm.

Der Westen der Pariser Innenstadt zu beiden Seiten der Seine präsentiert sich monumental. Die Königsachse, die vom Louvre ausgeht und hinter dem Jardin des Tuileries die Place de la Concorde erreicht, findet ihren architektonischen Höhepunkt zweifellos in der prächtigen Flaniermeile der Champs-Élysées. Bescheidenheit ist nicht gerade eine Tugend der Pariser, betrachten sie doch die Champs-Élysées als die schönste Straße der Welt. Das liegt sicher auch am krönenden oberen Ende dieser Avenue, dem Arc de Triomphe, dessen Bau Napoleon zur Feier seiner siegreichen Armeen in Auftrag gab. Den pittoresken Charme, den einige Pariser Quartiers wie der Montmartre oder das Bastille-Viertel nach wie vor ausstrahlen, sucht man hier vergeblich. Dafür hat vor allem das 19. Jh. mit seiner Bauwut und seinem Drang zur Repräsentationsarchitektur gesorgt. Dies lässt sich auch leicht an den ehemaligen Weltausstellungsgeländen im großen Dreieck zwischen Place du Trocadéro, Ecole Militaire und Grand Palais ablesen. Mittendrin sollte der Eiffelturm 1889 der ganzen Welt das Genie der französischen Ingenieure deutlich vor Augen führen. Er wurde zu Recht zum Pariser Wahrzeichen. Vor allem im 7., 8. und 16. Arrondissement ist der Wohnraum am teuersten, sind die Appartements am größten, die Trottoirs am saubersten und die Parkanlagen am gepflegtesten. Doch die großbürgerliche Atmosphäre hat auch etwas Verschlafenes an sich. Das Nachtleben um die Champs-Élysées ist zwar sehr ausgeprägt, aber eben auch überaus kostspielig. Trendsetter verirren sich eher selten hierher. Im monumentalen Westen konserviert sich Paris und sonnt sich selbstverliebt in den prachtvollen Zeugnissen seiner Geschichte.

Auf dem Prachtboulevard Champs-Élysées

Touren im Westen

Tour 8 Auf den Champs-Élysées

Tour-Übersicht:

Verlauf: **Place de la Concorde › **Avenue des Champs-Élysées › *Grand Palais › *Petit Palais › *Hôtel de la Païva › Rond-Point des Champs-Élysées › **Arc de Triomphe

Dauer: ca. 2 Std. reine Gehzeit

Praktische Hinweise:

- Montags hat das Petit Palais, dienstags das Grand Palais geschlossen.
- Von der Place de la Concorde in Richtung Triumphbogen die Champs-Élysées hinaufzugehen ist schöner als umgekehrt. Daher eignet sich Ⓜ Concorde gut als Ausgangspunkt.

Tour-Start: **Place de la Concorde 1

Hier herrscht dichtester Autoverkehr. Auf dem riesigen Platz, der als Place Louis XV ab 1757 angelegt wurde, ging es nicht immer so einträchtig zu, wie sein heutiger Name »Concorde« (Eintracht) vermuten ließe: Place de la Revolution hieß er zu jener Zeit, als am Eingang zum Tuileriengarten noch die Guillotine stand, unter der Königin Marie-Antoinette 1793 starb. An der Stelle des in der Revolution zerstörten Reiterdenkmals Ludwigs XV. erhebt sich seit 1833 ein rund 3000 Jahre alter Obelisk aus Luxor. Er kam als Geschenk des ägyptischen Statthalters nach Paris. Die beiden Springbrunnen beiderseits des Obelisken sind denen des Petersplatzes in Rom nachempfunden.

**Champs-Élysées 2

Es ist heute kaum vorstellbar, dass vor 300 Jahren noch Schafe weideten, wo sich heute der Autoverkehr rauf- und runterquält. Damals waren es noch die »Felder der Glückseligen«, die Champs-Élysées, die erst im Lauf des 18. Jhs. allmählich bebaut wurden. Zwischen der Place de la Concorde und dem Rond-Point des Champs-Élysées geht es ruhig zu auf der längsten Avenue von Paris, denn hier dehnen sich zunächst weite Parkanlagen aus.

*Grand Palais 3

Die riesige, glasüberwölbte Ausstellungshalle des Grand Palais diente der Weltausstellung als eine Art Mehrzweckhalle. Sie beherbergte den großen Kunstsalon, wurde aber auch als Pferderennbahn genutzt. Die weithin sichtbare und für ihre Entstehungszeit spektakuläre Dachkonstruktion aus Glas und Eisen war jedoch nach weniger als 100 Jahren bereits einsturzgefährdet.

Nach einer kostspieligen Instandsetzung kann der französische Staat als Besitzer des Grand Palais hier jetzt wieder große Wechselausstellungen, Kunstmessen und

Der Arc de Triomphe wurde zum Denkmal französischer Grandeur

Modeschauen ausrichten (geöffnet nur während der Veranstaltungen und Ausstellungen tgl. außer Di 10 bis 20, Mi bis 22 Uhr; aktuelle Infos, auch in Englisch, unter www.grandpalais.fr).

*Petit Palais 4

Auch dieses kleinere Palais wurde für die Weltausstellung 1900 erbaut. Es beherbergt das städtische **Musée des Beaux-Arts** mit Werken von der Antike über das Mittelalter bis ins späte 19. Jh. Nach gründlicher Restaurierung strahlt das Petit Palais wieder blendend weiß, wie die Arbeit eines Zuckerbäckers (ave. Winston Churchill; tgl. außer Mo 10 bis 18 Uhr, Eintritt frei, Wechselausstellungen ausgenommen; www.petitpalais.paris.fr).

*Hôtel de la Païva 5

Therèse Lachmann war eine der wohlhabendsten Persönlichkeiten im Paris des 19. Jhs. 1851 heiratete sie den portugiesischen Marquis de Païva, aber erst zwei Jahre später verhalf ihr ein neuer Geliebter zu Ansehen und dem Hôtel de la Païva (Nr. 25) an den Champs-Élysées: Guido Henckel von Donnersmarck, ein deutscher Bergwerksmagnat, der zwischen 1856 und 1865 den Bau errichten ließ. In dem grandiosen Ambiente fühlten sich so berühmte Schriftsteller wie Théophile Gautier und die Brüder Edmond und Jules de Goncourt wohl.

Zwischenstopp: **Restaurant**

Einen Eindruck von der Pracht erhält heute, wer sich ins schicke Restaurant **Louis 25** ●●–●●● begibt, das sich später am Abend in einen Club mit DJ verwandelt. In der edlen Cocktailbar werden bis in die frühen Morgenstunden Cocktails in Lounge-Atmosphäre serviert.

- 25, ave. des Champs-Élysées
- Tel. 01 53 53 25 25
- www.louis25.com
- 12–3 Uhr

Vom Rond-Point nach Westen

Hinter dem Rond-Point des Champs-Élysées beginnt die eigentliche Flaniermeile. Hier gibt es so gut wie keinen Wohnraum mehr. Hinter den Fassaden residieren Automarken, Restaurants, Banken, Fluggesellschaften, Hotels, Luxusboutiquen, Kino- und Fast-Food-Ketten.

Recht versteckt liegt der Zugang zur französischen Niederlassung der angesagten amerikanischen Modemarke **Abercrombie & Fitch** (Nr. 23). Mut zum architektonischen Experiment zeigt die Automarke **Citroën** (Nr. 42). Die hohe

Glasfassade sieht aus wie ein riesiger geschliffener Diamant.

Die Einkaufspassage **Arcades des Champs-Élysées** (Nr. 76–78) wurde 1926 in reinstem Art-déco-Stil errichtet, z. B. mit Wandleuchtern von Lalique aus Bronze und Glas.

Nightlife

Lido de Paris

Der Eingang zum Lido fällt auf den ersten Blick eher bescheiden aus. Die versprochene Magie des Ortes mit seinen nächtlichen Tanzrevuen versteckt sich am Ende einer langen Galerie. › **S. 39**

- 116, ave. des Champs-Élysées
- Diner mit Show 19.30 Uhr 160–300 €, zwei weitere Shows bei Champagner 21.30 Uhr und 23.30 Uhr 95–145 €.
- www.lido.fr

**Arc de Triomphe 6

Die Place Charles de Gaulle ist der Kreuzungspunkt von zwölf Avenuen. Das hektische Durcheinander von Autos, Bussen und Motorrädern macht den Platz zum (scheinbar) chaotischsten Verkehrsknotenpunkt der Stadt.

Der Triumphbogen wurde nach Napoleons Österreichfeldzug 1806 begonnen, aber erst in den 1830er-Jahren fertiggestellt. Der Kaiser zog zweimal unter ihm hindurch: zunächst 1810 während der Hochzeitsfeierlichkeiten mit seiner zweiten Frau Marie-Louise, wofür man den Bogen aus einem Lattengerüst und bemalter Leinwand provisorisch fertiggestellt hatte, und später 1840, als seine sterblichen Überreste von St. Helena nach Paris in den Invalidendom überführt wurden.

Von der Aussichtsplattform in 50 m Höhe hat man bei guter Sicht einen großartigen Blick über die Königsachse, die vom Louvre über die Champs-Élysées hinaus bis nach La Défense reicht (tgl. April–Sept. 10–23, letzter Aufstieg 22.15, Okt. bis März 21.45 Uhr).

Erst-! klassig

Tour 9 Auf den Spuren der Weltausstellungen

Tour-Übersicht:

Verlauf: **Avenue Montaigne › Théâtre des Champs-Élysées › Musée Galliera › Palais de Tokyo › *Musée Guimet › *Palais de Chaillot › ***Tour Eiffel › *Musée du Quai Branly**

Dauer: ca. 3 Std. reine Gehzeit

Praktische Hinweise:

- Montags und dienstags sind die meisten Museen auf diesem Stadtspaziergang geschlossen.
- Auf der Avenue Montaigne, der teuersten der Pariser Modemeilen, sind sonntags alle Geschäfte geschlossen.
- Ausgangspunkt ist Ⓜ Franklin D. Roosevelt.
- Am Ende geht man über die Avenue de New York zur Ⓜ Alma-Marceau.

Tour-Start: Avenue Montaigne 7

Einst wurde sie *Allée des veuves*, Allee der (reichen) Witwen, genannt. Die Trauer verbot es Witwen, an

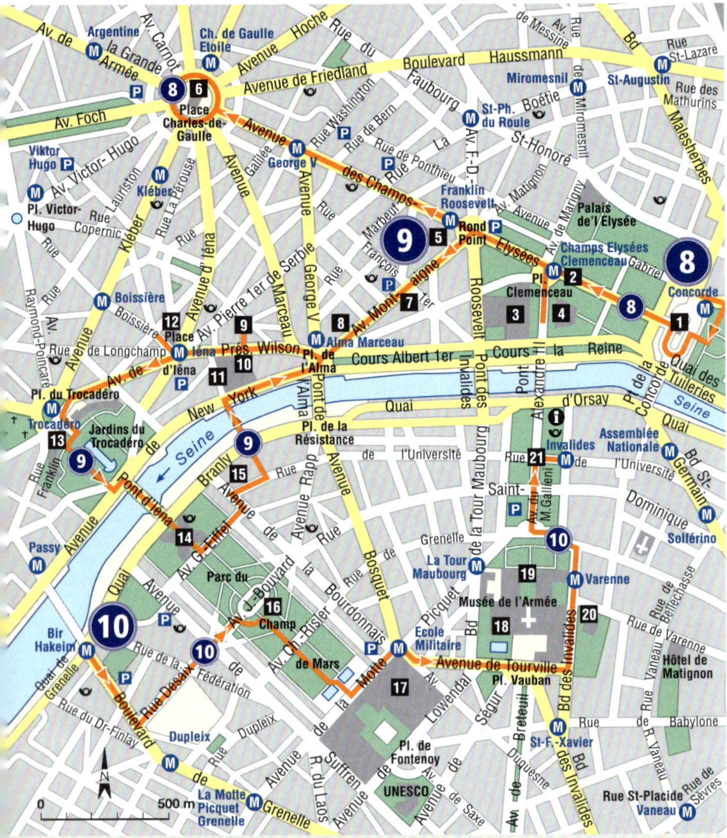

Touren im Westen

Tour 8

Auf den Champs-Élysées

- 1 Place de la Concorde
- 2 Champs-Élysées
- 3 Grand Palais
- 4 Petit Palais
- 5 Hôtel de la Païva
- 6 Arc de Triomphe

Tour 9

Auf den Spuren der Weltausstellungen

- 7 Avenue Montaigne
- 8 Théâtre des Champs-Élysées
- 9 Musée Galliera
- 10 Palais de Tokyo – Musée d'Art moderne de la Ville de Paris
- 11 Palais de Tokyo – Site de création contemporaine
- 12 Musée Guimet
- 13 Palais de Chaillot
- 14 Tour Eiffel
- 15 Musée du Quai Branly

Tour 10

Im Viertel des Invalidendoms

- 16 Champ de Mars
- 17 Ecole Militaire
- 18 Dôme des Invalides
- 19 Hôtel des Invalides
- 20 Musée Rodin
- 21 Esplanade des Invalides

den Vergnügungen der Stadt teilzunehmen, und so sollen sie diese Allee für einsame Spaziergänge aufgesucht haben.

Heute ist die Avenue Montaigne für die Stammhäuser der großen Modemarken bekannt. Marlene Dietrich lebte bis zur ihrem Tod 1992 völlig zurückgezogen in Hausnummer 12 in einer Dachwohnung.

Hotel

Plaza Athénée ●●●
Das Luxushotel genießt den Ruf, eine der exquisitesten Herbergen der Stadt zu sein – dafür sorgt nicht zuletzt Starkoch Alain Ducasse.

- 25, ave. Montaigne
- Tel. 01 53 67 66 67
- www.plaza-athenee-paris.com

Théâtre des Champs-Élysées 8

Das berühmte Theater mit der blendend weißen Fassade (Nr. 15) errichteten die Architektenbrüder Perret von 1911 bis 1913 in Beton und betraten mit diesem Baumaterial damals Neuland. Apoll und die Musen zieren die äußeren Marmorreliefs von Antoine Bourdelle. Auch im Inneren des weiterhin genutzten Theaters › S. 37 dienen Fresken und Reliefs als Raumschmuck. Skandalumwitterte Aufführungen wie Strawinskys Ballett »Le Sacre du Printemps«, 1913 choreografiert von Nijinsky, machten das Haus mit seinen zwei Sälen berühmt.

Zwischenstopp: **Restaurant**

Raffinierte Küche zu gesalzenen Preisen und einen fantastischen Ausblick über Paris bietet das Edelrestaurant **La Maison Blanche ●●●** auf dem Dach des Theaters.

- Tel. 01 47 23 55 99
- www.maison-blanche.fr
- Mo–Fr 12–14 und 20–23, Sa, So 20–23 Uhr

Musée Galliera 9

Ende des 19. Jhs. für die Herzogin Galliera als standesgemäßes Stadtdomizil errichtet, richtet heute das städtische **Musée de la Mode et du Costume** Ausstellungen im Palais aus. Dabei wird die Geschichte der Mode bis in die Gegenwart meist spektakulär inszeniert (10, ave. Pierre 1er de Serbie, www.galliera.paris.fr). Derzeit wird das Museum renoviert und soll im Herbst 2013 seine Pforten wieder öffnen.

Palais de Tokyo

Direkt gegenüber dem Musée Galliera liegt der imposante, aber etwas schwerfällig wirkende Flügelbau, der 1937 als die Weltausstellung errichtet wurde.

**Musée d'Art moderne de la Ville de Paris 10

Im linken Flügel zeigt das städtische Museum für moderne Kunst seine Sammlungen. Schwerpunkte sind Werke von Matisse, des Fauvismus und des Kubismus. Die sogenannte Ecole de Paris, zu der Künstler wie Modigliani, Soutine, Zadkine und Chagall gehören, sind ebenfalls stark vertreten. Die Werke aus der Zeit nach 1945 bieten Kontraste: Abstrakte Kunst von Soulages oder Hartung steht jener der »Neuen

› Karte S. 92

Realisten« um Hains, César oder Spoerri gegenüber. Durch einen spektakulären Kunstraub im Mai 2010 büßte das Museum fünf kostbare Werke ein (11, ave. du Président Wilson, tgl. außer Mo 10–18, Do bis 22 Uhr, www.mam.paris.fr).

Site de création contemporaine 11

Im rechten Flügel des Palais de Tokyo hat man sich ganz der zeitgenössischen Kunstproduktion in ihren unterschiedlichen Formen verschrieben. Mit Absicht ist das Innenleben dieses Gebäudeteils, der sehr lange leer stand, unfertig geblieben. Es macht den Eindruck, man stehe in einer Baustelle. Filme, Konzerte, Modenschauen und interessante Ausstellungen prägen diesen »Ort für Experimente und Abenteuer«. (13, ave. du Président Wilson, tgl. außer Di 12–24 Uhr, www.palaisdetokyo.com).

Zwischenstopp: **Restaurants**

Für Szenegänger ist im rechten Palaisflügel das Restaurant **Tokyo Eat** ●● mit seinem durchgestylten Ambiente sicher ein Muss.

- Tel. 01 47 20 00 29
- 12–1 Uhr, Mo geschl.

Wer nur einen Snack möchte, geht in die **Cafeteria Tokyo Self** im Untergeschoss, die den Charme einer Uni-Mensa der 1970er-Jahre versprüht.

*Musée Guimet 12

Der Industrielle Emile Guimet aus Lyon baute Ende des 19. Jhs. eine bedeutende Sammlung asiatischer Kunst auf, für die er sich in Paris ein Museum errichten ließ. Dieses nun nationale Museum für asiatische Kunst gehört zu den weltweit bedeutendsten Sammlungen seiner Art, mit Meisterwerken aus Afghanistan, Pakistan, dem Himalaya, Korea, China und Japan (6, place d'Iéna, tgl. außer Di 10–18 Uhr, www.guimet.fr).

*Palais de Chaillot 13

Der größte Anziehungspunkt an der Place du Trocadéro ist zweifellos die weiträumige Terrasse zwischen den beiden Flügeln des Palais de Chaillot, die den Paradeausblick auf den Eiffelturm bietet. Zur Weltausstellung 1937 im strengen Klassizismus der damaligen Zeit erbaut, bietet das riesige Palais de Chaillot gleich mehreren Museen Platz.

Erst-! klassig

Im südlichen Flügel ist das **Musée de la Marine** untergebracht, in dem

SEITENBLICK

Pariser Unterwelt

Das labyrinthische Kanalisationssystem aus der Zeit Baron Haussmanns lädt zu einem ungewöhnlichen Ausflug ein, der, wie Victor Hugo in »Les Miserables« schrieb, in die »zweite Welt« unter Paris führt. Zur Besichtigung der **Egouts** gehört auch eine Ausstellung zur Geschichte und Technik der Wasserver- und -entsorgung der Stadt.

- 93, Quai d'Orsay an der Place de la Résistance/Pont de l'Alma
- Ⓜ Alma-Marceau
- Sa–Mi 11–17 Uhr, im Winter bis 16 Uhr).

Aussichtsplattform auf der zweiten Etage des Eiffelturms in 115 m Höhe

Freunde der Seefahrt und des Schiffbaus auf ihre Kosten kommen (tgl. außer Di 10 bis 18 Uhr, www.musee-marine.fr).

Ein Museum der besonderen Art im nördlichen Flügel ist sicherlich die **Cité de l'Architecture et du Patrimoine,** ein Architekturzentrum, das mit maßstabsgetreuen Nachbildungen und Modellen historische Bauten in ganz Frankreich seit dem Mittelalter vorstellt (tgl. außer Di 11–19, Do bis 21 Uhr, www.citechaillot.fr).

5 ***Tour Eiffel 14

Unter den rund 18 Entwürfen, die nach der Ausschreibung des Projekts »Errichtung eines Turms aus Eisen von 300 m auf dem Champ-de-Mars« bei der Leitung der Weltausstellung eingingen, erhielt der von Gustave Eiffel den Zuschlag. Am 31. Mai 1889 konnte der Turm nach weniger als zwei Jahren Bauzeit als Symbol französischer Ingenieurskunst eingeweiht werden. Für Zeitgenossen wie den Schriftsteller Guy de Maupassant war er jedoch nichts weiter als »zusammengeschraubtes Blech«.

Allerdings konnte man Maupassant einige Wochen nach der Eröffnung 1889 überraschend im Restaurant Jules Verne auf der zweiten Plattform sichten. Er fand, dies sei ja nun der einzige Ort, wo er das scheußliche Ding nicht sehen müsse. Der 10 000 Tonnen leichte Turm hat alle Kritik überlebt– er steht immer noch.

Mit großen Aufzügen oder über Treppen erreicht man die ersten beiden Etagen (57 m bzw 115 m Höhe). Dann heißt es umsteigen in kleinere Aufzugkabinen, die bis zur dritten Etage in die schwindelerregende Höhe von 267 m hinaufgleiten. Der Ausblick ist erwartungsgemäß überwältigend (tgl. 9.30–23 Uhr, letzter Aufzug zur Spitze 22.30 Uhr, 15. Juni–1. Sept. 9–24 Uhr, letzter Aufzug 23 Uhr, www.tour-eiffel.fr).

Zwischenstopp: Restaurants

Auf der 2. Etage des Eiffelturms thront der Goumettempel **Jules Verne ●●●** des 3-Sterne-Kochs Alain Ducasse. Mit dem privaten Aufzug geht es nach oben. Nur online zu reservieren unter

- www.lejulesverne-paris.com.

Erschwinglicher ist das Restaurant **58 Tour Eiffel ●●** auf der 1. Etage – zumindest mittags. Abends hebt der Blick auf das beleuchtete Paris die Menupreise erheblich.

- tgl. 11.30 bis 16 Uhr, Diner-Service um 18.30 und 21 Uhr,
- Tel. 01 72 76 18 46,
- www.restaurants-toureiffel.com

*Musée du Quai Branly 15

«Wo sich die Kulturen begegnen«, so lautet der Slogan, mit dem dieses von Stararchitekt Jean Nouvel entworfene ungewöhnliche Museum für sich wirbt. Es stellt die Kulturen Afrikas, Asiens, Ozeaniens und Amerikas und ihre Kunst vor.

Die Präsentation der Werke im Innern ist ein Erlebnis. Die Besucher werden über Wege geführt, die ausgetrockneten Flussbetten ähneln und die einzelnen (Ausstellungs-) Kontinente miteinander verbinden. Große Teile des Museums stehen auf gigantischen Pfeilern, unter denen sich auf unebenem Gelände ein exotischer Park ausbreitet. Eine der zum Seine-Ufer zeigenden Fassaden ist mit einem »vertikalen Garten« bepflanzt, der die Fensterfronten allmählich überwuchert (220, rue de l'Université oder 37, quai Branly, tgl. außer Mo 11–19, Do–Sa bis 21 Uhr, www.quaibranly.fr).

Tour 10 Im Viertel des Invalidendoms

Tour-Übersicht:

Verlauf: Champs de Mars › Ecole Militaire › **Dôme und **Hôtel des Invalides › **Musée Rodin › Esplanade des Invalides

Dauer: ca. 2 Std. reine Gehzeit

Praktische Hinweise:

- Mit der Metrolinie 6 von Passy kommend, bietet sich für wenige Augenblicke ein einmaliger Blick auf den Eiffelturm. Daher eignet sich Ⓜ Bir-Hakeim als Ausgangspunkt.

Der für Paris ungewöhnliche Name der Station Bir-Hakeim erinnert an die Schlacht zwischen den Truppen des freien Frankreich und den Panzern Rommels in der libyschen Wüste im Mai 1942. Über den Boulevard Grenelle und die Rue Désaix gelangt man alsbald zum Champ de Mars, dem Marsfeld.

Tour-Start: Champ de Mars 16

Bis zu 10 000 Soldaten konnten hier in Reih und Glied aufmarschieren, als das Marsfeld im 18. Jh. noch eng mit der Militärschule verbunden war. Später wurden alle offiziellen Siegesfeiern der Französischen Revolution hier gebührend gefeiert.

Im 19. Jh. dann diente das Champ de Mars als Gelände für die meisten Weltausstellungen. Heutzutage finden hier von Zeit zu Zeit große Freilichtkonzerte statt.

Ecole Militaire 17

Die frühere Kaderschule der Armee geht wohl auf Madame de Pompadour zurück, die Maitresse Ludwigs XV., die den König 1750 zu diesem Prestigebau veranlasst haben soll. Der junge Bonaparte verbrachte hier ein Jahr und installierte zehn erfolgreiche Jahre später als General Bonaparte in der Ecole Militaire sein Hauptquartier.

Heute dient sie weiter als Ausbildungsstätte, die den Nachwuchs für die höhere militärische Laufbahn schult.

**Dôme des Invalides 18

Der Invalidendom ist kein Dom im Sinne einer Haupt- oder Bischofskirche. Ursprünglich war er wohl als Grablege des Sonnenkönigs Ludwig XIV. und seiner Familie gedacht.

Von der Place Vauban aus erschließt sich das ausgewogene Verhältnis des quadratischen Sockels zu der ebenso hohen Kuppel mit Blattgoldauflage. Die beiden Nischenfiguren beidseitig des Eingangs stellen Ludwig IX. den Heiligen, der die Dornenkrone Christi hält, und Karl den Großen dar.

Seit 1840 dient der Invalidendom in erster Linie als Grabstätte für Napoleon: Es wurde eigens eine Krypta unter der Kuppel ausgehoben, um die sterblichen Überreste des Kaisers 20 Jahre nach seinem Tod hier in einem gewaltigen Porphyrsarkophag bestatten zu können (tgl. 10–18, Juli/Aug. bis 18.45, Do bis 21, Okt.–März bis 17 Uhr, jeden ersten Mo im Monat geschl.; www.invalides.org).

**Hôtel des Invalides 19

Hinter dem Invalidendom erstreckt sich die weitläufige Anlage des Hôtel des Invalides. Ludwig XIV. hatte es für seine Kriegsinvaliden

Kultur kostenlos

Erst-klassig

- **Musée de la vie romantique** › S. 13
  Die Zeit der Romantik ist immer noch gegenwärtig in der versteckten Villa, die George Sand und Chopin zu ihren Gästen zählte.
- **Nuit blanche** › S. 55
  Gegenwartskünstler und ihre Werke treffen auf Neugierige, die sich dafür die Nacht um die Ohren schlagen, also eine *nuit blanche*, eine »weiße« oder besser schlaflose Nacht hierfür in Kauf nehmen.
- **Musée des Beaux-Arts im Petit Palais** › S. 90
  Die Architektur scheint das Werk eines Zuckerbäckers zu sein: das städtische Museum der Schönen Künste ist ein grandioser Tempel für die Kunst der Vergangenheit.
- **Musée d'Art moderne**› S. 93
  Das städtische Museum für moderne Kunst hat fast ebenso viel hochkarätige Kunst zu bieten wie das nationale Museum im Centre Pompidou.
- **Musée Carnavalet**
  In einem aristokratischen Palais des 17. Jhs. im Marais wird Pariser Stadtgeschichte präsentiert. › S. 120
- **Musée de Victor Hugo**
  Appartement mit Aussicht: In Victor Hugos Pariser Wohnsitz an der Place des Vosges taucht man ein in die Welt des 19. Jhs. › S. 122

› Karte S. 92

Der »Denker« im Garten des Musée Rodin

errichten lassen, damit sie an diesem Ort einen sorgenfreien Lebensabend verbringen konnten. Der Komplex gruppiert sich um ein Dutzend Höfe, die man vom Dôme des Invalides oder durch das Hauptportal von der Esplanade des Invalides aus erreicht. Hier zeigt ein Relief Ludwig XIV. als römischen Imperator hoch zu Ross.

Für das Seelenheil der Veteranen wurde die sogenannte Soldatenkirche Saint-Louis-des-Invalides Ende des 17. Jhs. erbaut. Zur gleichen Zeit entstand hinter ihrem Chor der riesige Dom. Heute wird der Großteil der Anlage vom Musée de l'Armée genutzt, und auch ein Militärhospital versieht hier seinen Dienst (Öffnungszeiten wie Dôme des Invalides › **S. 97**).

**Musée Rodin 20

Das Hôtel Biron mit seiner großzügigen Parkanlage gehört zu den Adelspalästen des 18. Jhs., die im Viertel um die Rue de Grenelle und die Rue de Varenne errichtet wurden. Im Hôtel de Matignon (57, rue de Varenne) residiert heute der französische Premierminister.

Das Hôtel Biron wechselte mehrmals seinen Besitzer. 1904 zogen die letzten Eigentümer aus, und das charmante Stadtpalais blieb leer stehen. Auf Vermittlung Rainer-Maria Rilkes bezog 1908 der Bildhauer Auguste Rodin (1840–1970) das Palais, das er bis zu seinem Tod bewohnte. Seine Werke vererbte er dem französischen Staat unter der Auflage, das Hôtel Biron mit seinem großen Garten zu einem Museum zu machen.

Sein Wunsch ging in Erfüllung. Rodins bronzene Hauptwerke wie die »Bürger von Calais« oder der »Denker« haben ihren festen Platz im Park erhalten (77, Rue de Varenne, tgl. außer Mo 10–17.45 Uhr, www.musee-rodin.fr).

Esplanade des Invalides 21

Mit dem Hôtel des Invalides im Rücken bietet sich über diese 1704 angelegte Esplanade hinweg der unverstellte Blick auf das Bauensemble, das zur Weltausstellung 1900 entstand.

Goldgefasste Figurengruppen krönen den ***Pont Alexandre III.**, der die guten Beziehungen zwischen Frankreich und Russland feiern sollte. Heute gefällt die Brücke mit ihrem extravagant neobarocken Stil und den verspielten Leuchten. Auf der anderen Seine-Seite sind Grand und Petit Palais gut zu erkennen.

In den Bars um den Boulevard St-Germain herrscht reges Treiben

Rive Gauche und Montparnasse

Das Beste!

- **Auf der Place de la Contrescarpe** einen Café trinken › S. 103
- **Den Boulespielern** im Jardin du Luxembourg zuschauen › S. 112
- **Die Rue Mouffetard** hinunterspazieren bis zu den hier täglich aufgebauten Marktständen bei St-Médard › S. 104
- **Teetrinken** im Innenhof der Pariser Moschee › S. 104
- **Den Ausblick** von der Dachterrasse des Institut du Monde Arabe genießen › S. 105

› Karte S. 102/109/113

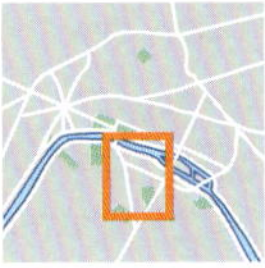

Im Quartier Latin befindet sich seit dem Mittelalter die berühmte Sorbonne-Universität. Zusammen mit St-Germain-des-Prés und Montparnasse bildet es das Intellektuellenviertel am linken Ufer der Seine.

Die Seine-Seite südlich der Île de la Cité nennen die Pariser »Rive Gauche«, linkes Ufer, und meinen damit eigentlich nur die drei Stadtviertel, die als Synonyme gelten für das künstlerische und intellektuelle Paris: Quartier Latin, St-Germain-des-Prés und Montparnasse.

Das Quartier Latin, das »lateinische Viertel«, verdankt seinen Namen der im Mittelalter gegründeten Universität, deren Lehrsprache selbstverständlich Latein war. Die Sorbonne ist nach wie vor der Mittelpunkt der Pariser Universitätslandschaft, studentisches Leben prägt das Bild des Quartier Latin.

St-Germain des Prés hat eine ganz andere Geschichte hinter sich. Es entwickelte sich aus einer mächtigen Abtei, in der sich sogar fränkische Könige beerdigen ließen. Nur noch die ehemalige Abteikirche hat sich aus dieser Zeit erhalten. Doch sie ist zum Herzstück des Viertels geworden. Die existenzialistische Nachkriegsliteratur Frankreichs wäre ohne die legendären Caféhäuser um die Kirche St-Germain-des-Prés herum vielleicht gar nicht denkbar. Sie waren für Intellektuelle wie Jean-Paul Sartre Orte der Zusammenkunft, der Diskussion und des Disputs in harten Zeiten. Heute geben im Viertel eher Modeboutiquen und Kunstgalerien den Ton an. Das Flair ist mondän und international. Es ist vor allem das 19. Jh., das St-Germain-des-Prés seinen Stempel aufgedrückt hat. Der prächtige Boulevard St-Germain bietet hierfür das beste Beispiel.

Palmenwald aus Säulen in der Kirche St-Séverin

Am Montparnasse hat sich Paris in den letzten 50 Jahren leider einige schwere Bausünden geleistet. Eine davon ragt unübersehbar über 200 m hoch in den Himmel: das Bürohochhaus Tour Montparnasse. Im weiten Umkreis wurde das alte Montparnasse-Viertel regelrecht zu Tode saniert. Die kleinteilige und niedrige Bebauung wich zum Teil monströsen Blockbauten. In deren Schatten jedoch entdeckt man immer wieder charmante Ecken mit Künstlerateliers und kleinen Theatern. Auch der breite Boulevard Montparnasse mit seinen berühmten Brasserien hat den Sanierungen erfolgreich getrotzt.

Touren links der Seine

Tour 11 Unterwegs im **Quartier Latin

Tour-Übersicht:

Verlauf: Boulevard St-Michel › *St-Séverin › *Musée du Moyen Age › Sorbonne › Collège de France › **St-Etienne du-Mont › **Panthéon › Place de la Contrescarpe › Rue Mouffetard

Dauer: ca. 2 Std. reine Gehzeit

Praktische Hinweise:

- Der Spaziergang beginnt und endet in einem sehr belebten Viertel.
- Am Abend finden sich viele Bistros und Restaurants um St-Séverin, aber auch in der Rue Mouffetard.
- Ⓜ St-Michel bietet sich als guter Ausgangspunkt an.

An der großen Brunnenanlage der Place St-Michel bezwingt der Erzengel Michael seit 1860 den Drachen und direkt davor jeder Autofahrer das tägliche Verkehrschaos.

Tour-Start: Boulevard St-Michel 1

Der Boul' Mich, wie er im Volksmund genannt wird, ist die Hauptschlagader des pulsierenden Lebens im Quartier Latin. Weniger mondän als die großen Boulevards auf der anderen Seine-Seite um die alte Oper, ist er doch zur gleichen Zeit wie sie entstanden, im Zweiten Kaiserreich um 1860. Immer noch bestimmen studentische Buchhandlungen und Universitätsgebäude seinen Verlauf bis hinauf zur Place Rostand. Vor allem aber zweigt von ihm ein Gewirr von Gassen nach Osten ab, in dem beinahe alle Küchen der Welt mit kleinen Restaurants vertreten sind.

*St-Séverin 2

Mittendrin liegt die Kirche St-Séverin mit ihrem ausladenden Kapellenkranz, der dem nahen Vorbild von Notre-Dame folgt. Im Inneren bestimmt die Spätgotik, der französische Flamboyant-Stil, das Bild. Die Rundpfeiler, die sich im Chorumgang ohne Kapitelle ins Gewölbe regelrecht hinaufschrauben, haben kunstsinnige Zeitgenossen schon im 19. Jh. den Vergleich mit einem Palmenwald anstellen lassen.

Auf der anderen Seite der Rue St-Jacques, die dem Verlauf einer der Hauptachsen im römischen Lutetia, wie Paris damals hieß, folgt, versteckt sich die kleine Kirche St-Julien in einem Garten mit einer uralten Robinie. Von hier bietet sich ein Panoramablick auf Notre-Dame. Erst-! klassig

*Musée National du Moyen-Age 3

Das nationale Museum des Mittelalters ist für seine reichhaltige Sammlung bekannt, aber auch für sein Gebäude, das **Hôtel de Cluny.** Die Äbte der mächtigen Abtei im burgundischen Cluny ließen es sich als ihren Sitz in Paris Ende des 15. Jh.

errichten. Einen besseren Ausstellungsort konnten etwa die Tapisseriefolge »Dame mit dem Einhorn« aus der gleichen Epoche oder aber die Originalköpfe der Königsgalerie an der Westfassade von Notre-Dame nicht finden. Direkt daneben, dem Museum eingegliedert, liegt die gallorömische Thermenanlage aus dem 2. und 3. Jh., deren Kaltwasserbad (Frigidarium) am besten erhalten ist (6, pl. Paul Painlevé, www.musee-moyenage.fr, tgl. außer Di 9.15–17.45 Uhr).

Sorbonne 4

Die Pariser Universität wird allgemein mit dem Namen Sorbonne gleichgesetzt, doch über das Pariser Stadtgebiet und darüber hinaus verteilt gibt es insgesamt zwölf Universitäten. Die Sorbonne ist jedoch sicher die bekannteste unter ihnen. Ihr Name geht auf den Gründer eines theologischen Kollegs zurück. Robert de Sorbon ließ 1257 Gebäude für Unterricht und Unterkunft der Theologiestudenten errichten. Das heutige Gebäude der Sorbonne entstand erst Ende des 19. Jhs. und ersetzte den 1626 im Auftrag von Kardinal Richelieu errichteten Vorgängerbau.

Collège de France 5

Das Collège de France ist eine ungewöhnliche Institution. Es ist weder eine Universität noch eine Elitehochschule. Jeder kann sich die Vorlesungen der 54 vom Staat berufenen Professoren anhören, die in allen Wissenschaftsbereichen von der Physik über die Mathematik bis hin zur Musik und den Bildenden Künsten arbeiten, aber niemand kann sich am Collège einschreiben oder gar einen Abschluss machen. Unter dem Renaissancemonarchen Franz I. wurde das Collège 1540 ins Leben gerufen. Seither steht es für die freie Wissensvermittlung, die alle in Anspruch nehmen können.

**St-Etienne-du-Mont 6

An diesem Sakralbau können auch Laien den Übergang von der Spätgotik zur Renaissance leicht nachvollziehen. Folgen Konstruktion und Aufbau der Kirche noch den Prinzipien der Gotik,

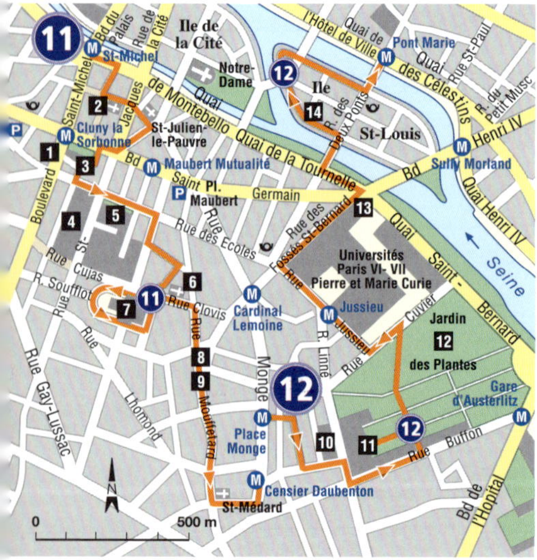

Erst-! klassig

so zeigt der einzige in Paris erhaltene Lettner (1530–1545) zwischen Chorbereich und Kirchenschiff eine neue künstlerische Auffassung. Der Schwung der um die Pfeiler herumgeführten Wendeltreppen und die filigrane Dekoration des Ganzen machen ihn zu einem der wenigen echten Meisterwerke eines von der italienischen Renaissance beeinflussten Baustils in Paris.

**Panthéon 7

Der gewaltige Kuppelbau wurde, dem Gelübde Ludwigs XV. folgend, 1764 als Grabkirche für die Pariser Schutzpatronin Ste-Geneviève begonnen. Vollendet wurde er nach Plänen des Architekten Soufflot allerdings erst 1791, mitten in der Französischen Revolution! Damals war nicht mehr an eine Weihe des Baus als Kirche zu denken: 1793 verbrannte man die Reliquien der hl. Genoveva und streute die Asche in die Seine.

Dem Panthéon wies die Nationalversammlung 1791 eine neue Rolle zu. Es wurde die Grablege der »großen Männer der Epoche der Freiheit«, etwa Voltaires und Rousseaus. Im 19. Jh. immer mal wieder als Kirche genutzt, wurde der Bau mit der pompösen Grablege Victor Hugos endgültig ein Panthéon. Wissenschaftler, Literaten, Politiker oder Widerstandskämpfer wie Jean Moulin liegen heute hier begraben. Im düsteren Inneren beeindrucken die Fresken Puvis de Chavannes (Ende des 19. Jhs.), die das Leben der hl. Genoveva schildern (tgl. 10 bis 18.30, Okt.–März bis 18 Uhr).

Place de la Contrescarpe 8

Im Herzen des südlichen Quartier Latin liegt dieser kleine Platz. Auch wenn er nicht historisch gewachsen ist, sondern erst 1852 angelegt wurde, versprüht er viel Charme mit seinen großblättrigen Blauglockenbäumen in der Mitte, seinem Springbrunnen und den Caféterrassen, z. B. der des Café Delmas.

Ernest Hemingway wird hier den einen oder anderen Espresso genossen haben in den 1920er-Jahren, denn er wohnte um die Ecke in der Rue Cardinal Lemoine Nr. 74. Eine Gedenktafel erinnert an seine Pariser Jahre.

Touren links der Seine

Tour 11

Unterwegs im Quartier Latin

1 Boulevard St-Michel
2 St-Séverin
3 Musée National du Moyen-Age
4 Sorbonne
5 Collège de France
6 St-Etienne-du-Mont
7 Panthéon
8 Place de la Contrescarpe
9 Rue Mouffetard

Tour 12

Von der Place Monge zur Île St-Louis

10 Mosquée de Paris
11 Muséum National d'Histoire Naturelle
12 Jardin des Plantes
13 Institut du Monde Arabe
14 Île-St-Louis

› Karte S. 102

Rue Mouffetard 9

Die Rue Moffetard ist eine der ältesten Straßen von Paris – schon die Römer zogen auf ihr gen Süden. Sie führt hinunter in das Viertel um die Kirche St-Médard.

In ihrem unteren Teil stehen noch einige wenige spätmittelalterliche Häuser (Nr. 135 bis 117). Hier ist sie eine für das Quartier typische Einkaufsstraße mit Käse- und Weingeschäften, Metzgereien, Bäckereien und Bars. Vor allem am Sonntagmorgen, wenn alle Welt sich mehr Zeit lassen kann, sollte man dem Treiben in einem Café bei einem Espresso oder Aperitif zuschauen.

Erst-! klassig

Tour 12 Von der Place Monge zur Île St-Louis

Tour-Übersicht:

Verlauf: **Place Monge › *Mosquée de Paris › *Muséum National d'Histoire Naturelle › Jardin des Plantes › *Institut du Monde Arabe › **Île St-Louis › Pont Marie**

Dauer: ca. 2 Std. reine Gehzeit

Praktische Hinweise:

- Mi, Fr und So findet auf der Place Monge bis 14 Uhr ein Wochenmarkt statt. Eine gute Gelegenheit, den Spaziergang an der Ⓜ Monge zu beginnen.
- Mo ist das arabische Kulturinstitut, Di das Naturkundemuseum geschlossen.

Tour-Start:

Von der Place Monge erreicht man durch die Rue Larrey die Place du Puits de l'Ermite, an der die große Pariser Moschee liegt.

*Mosquée de Paris 10

Die große Moschee und das muslimische Institut, in dem islamische Kultur und Sprache gelehrt werden, entstanden zwischen 1922 und 1926. Pate stand hierbei die maurische Architektur Südspaniens. Das Innere steht stilistisch den Moscheen Marokkos näher. Eukalyptus- und Zedernholz bestimmen das Bild. Mosaikfriese sind mit Koranversen verziert. Über allem erhebt sich das über 30 m hohe Minarett (2 bis, place du Puits-de-l'Ermite, geführte Besichtigungen außer Fr, www.mosquee-de-paris.net).

Zwischenstopp: Restaurant

Von der **Rue Geoffroy St-Hilaire** Nr. 39 und Nr. 41 aus sind der **maurische Teesalon** (9–24 Uhr) und das **Restaurant ●**, und natürlich der Hamam zu erreichen. Wer Lust auf echtes Couscous oder Tee mit frischer Minze hat, ist hier richtig.

- tgl. mittags und abends bis 24 Uhr
- www.la-mosquee.com

*Muséum National d'Histoire Naturelle 11

Zum nationalen Museum der Naturgeschichte gehören mehrere Gebäude, alle sind eingebettet in die weitläufige Grünanlage des Jardin des Plantes. Die am meisten besuchte »Galerie der Evolution«, die als gewaltiger Baukörper die Schmal-

Weingeschäft in der Einkaufsstraße Rue Mouffetard

seite des Botanischen Gartens markant besetzt, entstand zur gleichen Zeit wie der Eiffelturm, nämlich im Jahr 1889. 1994 wurde das Innere dieser Eisenkonstruktion renoviert und gänzlich umgestaltet.

30 m hoch ist die riesige Halle, die 3000 verschiedene Tierarten vorführt und die Evolution des Lebens auf unserem Planeten nachzeichnet. Spektakulär ist der Riesenkrake aus den Tiefen vor Neuseeland mit über 6 m Länge, vor dem sich Jung und Alt drängeln (36, rue Geoffroy St-Hilaire, tgl. außer Di 10–18 Uhr, www.mnhn.fr).

Jardin des Plantes 12

Vor der großen Galerie breitet sich zur Seine hin der älteste Garten von Paris aus. Mit dem Aufkommen der systematischen Erforschung der Pflanzenwelt durch die Botaniker im 16. Jh. wurde auch bald die Idee geboren, einen großen botanischen Garten für Studienzwecke in Paris anzulegen. Ursprünglich hatte man im Jardin des Plantes Heilkräuter für Ludwig XIII. angepflanzt. 1635 wurde er der Öffentlichkeit zugänglich gemacht.

Der Garten gehört noch immer zum renommierten botanischen Forschungsinstitut, das in den umliegenden Gebäuden untergebracht ist. Die sehr gepflegte Parkanlage mit ihren geometrischen Blickachsen und natürlich ihrer Blumenvielfalt zieht vor allem sonntags die Pariser magisch an.

Erst aus der Zeit der Französischen Revolution stammt die Menagerie, der weltweit älteste, in seiner ursprünglichen Form noch erhaltene **Zoo** (tgl. 9–17.30 Uhr).

*Institut du Monde Arabe 13

Die arabische Welt beauftragte Mitte der 1980er-Jahre den französischen Architekten Jean Nouvel mit dem Bau eines Kulturinstituts, das dem Dialog zwischen Orient und Okzident dienlich sein sollte. Nouvel kam auf eine geniale Idee: An der gläsernen Hauptfassade des Ins-

› Karte S. 109

titut du Monde Arabe öffnen bzw. schließen sich je nach Intensität des einfallenden Lichts computergesteuert Hunderte von Metallquadraten wie Linsenverschlüsse an Fotoapparaten. Das Institut besitzt eine historische Sammlung und zeigt Wechselausstellungen.

Erst-! klassig

Ein gläserner Aufzug fährt Besucher (auch ohne Eintritt) in die neunte Etage auf die Aussichtsterrasse mit dem Café-Restaurant »Le Zyriab«. Von hier oben geht der Blick weit über Paris, v. a. aber auf die beiden Seine-Inseln (1, rue des Fossés-St-Bernard, Di–So 10–18 Uhr, www.imarabe.org).

**Île-St-Louis 14

Bis in die 1730er-Jahre war die kleinere Seine-Insel nahezu unbebaut. Ihre Hauptstraße, die Rue St-Louis-en-l'Île, wird von kleineren Straßen und Gassen im rechten Winkel gekreuzt. An den Uferstraßen, den Quais, ließen die reichen Bauherren des 17. Jhs. ihre prachtvollen Hôtels errichten. In nahezu ununterbrochener Folge sind sie entlang dem Quai de Bourbon und dem Quai d'Anjou aufgereiht. Hinweistafeln an den Palais informieren über Namen, Bauzeit und Bewohner.

Trotz der strengen Struktur der Île St-Louis bewahren alle Gebäude ein menschliches Maß: Die Hôtels sind prachtvoll und geräumig, nie erschlagend und pompös. Längst avancierte die Insel zur sehr teuren und sehr gesuchten Wohnadresse.

Über den **Pont Marie** geht es zur gleichnamigen Metrostation auf der anderen Seine-Seite.

Tour 13 Durch St-Germain-des-Prés

Tour-Übersicht:

Verlauf: ***Musée d'Orsay › Musée Maillol › Boulevard Raspail › Bon Marché › Boulevard Saint-Germain › **Saint-Germain-des-Prés › *Place Furstenberg › Odéon › Saint-Sulpice › **Jardin du Luxembourg

Dauer: ca. 4 Std. reine Gehzeit, mit Besuch des Musée d'Orsay länger.

Praktische Hinweise:

- Keine Tour für den Sonntag, wenn das Kaufhaus Le Bon Marché geschlossen hat. Und nicht für Montag – da ist das Musée d'Orsay zu.
- Der Spaziergang beginnt auf dem Boulevard St-Germain und endet im Jardin du Luxembourg. Ausgangspunkt: Ⓜ Solférino.

Tour-Start: ***Musée d'Orsay 15

6

Nur knapp 40 Jahre war der Orsay-Bahnhof in Betrieb: 1900 zur Weltausstellung eröffnet, stellte er 1939 seinen Betrieb ein. Für den lange vom Abriss bedrohten Bau fand man Anfang der 1980er-Jahre dann die Nutzungsmöglichkeit eines Museums. Die italienische Architektin Gae Aulenti überzeugte mit ihren Entwürfen, und so eröffnete 1987 das architektonisch vielleicht erstaunlichste Museum in Paris: Es ist ausschließlich der Kunst des 19. Jhs.

gewidmet und zeigt Werke aller Gattungen aus der Zeit von 1840 bis 1905. Unter der riesigen Uhr im Inneren gestaltete Aulenti eine »Skulpturenstraße«: Von den akademischen Auftragsarbeiten bis hin zu den eigenwilligen Kompositionen Auguste Rodins reichen die Exponate.

Immer wieder sind es die Gegensätze in der Kunstauffassung, die im Musée d'Orsay überraschen. Zwischen der schaumgeborenen Venus des Malers Cabanel, umschwirrt von pausbäckigen Putten, und der lasziv dem Bildbetrachter von ihrem Lotterbett aus zugewandten »Olympia« des Edouard Manet liegen Welten. Die eine Darstellung gefiel im offiziellen Kunstsalon, die andere sorgte wegen ihres verfänglichen Realismus für Empörung.

Eine der weltgrößten Impressionistensammlungen wartet im Obergeschoss. Monets Serie der Ansichten der Kathedrale von Rouen fasziniert genauso wie die Tänzerinnen von Degas oder die Milieustudien Renoirs. Ebenfalls prominent vertreten sind zwei Einzelgänger in der Kunst: Vincent van Gogh und Paul Cézanne. Neben den primitiv anmutenden Szenen des Zöllners Rousseau und Gauguins Südseebildern zeigt das Musée d'Orsay aber auch Kunsthandwerk und Möbel des Jugendstils und die Meilensteine der Fotografiegeschichte. (1, rue de la Légion d'Honneur, tgl. außer Mo 9.30–18, Do bis 21.45 Uhr, www.musee-orsay.fr.)

Musée Maillol 16

Aristide Maillol (1861–1944) stammte aus einem kleinen Pyrenäendorf. Als 20-Jähriger widmete er sich im Paris der späten 1890er-Jahre zunächst der Malerei, dann verschrieb er sich der Bildhauerei. Er entdeckte auf Reisen nach Grie-

Das Musée d'Orsay in einem ehemaligen Jugendstilbahnhof

chenland die klassische Antike und versuchte in seinen Skulpturen – es sind meist Akte – Tradition und Moderne miteinander zu vereinen. Erst als knapp 70-Jähriger lernte er Dina Vierny kennen, die fortan sein Modell und seine Muse werden sollte. Lange nach seinem Tod gelang es Dina Vierny, ein Museum in einem alten Pariser Stadtpalais einzurichten, in dem sie seither sein Werk, aber auch ihre eigene Kunstsammlung zeigt (61, rue de Grenelle, www.museemaillol.com, tgl. 10.30 bis 19, Fr bis 21.30 Uhr).

Bon Marché 17

Bon marché heißt im Französischen eigentlich »billig«, doch das sind die erlesenen Waren in diesem vielleicht »pariserischsten«, auf jeden Fall aber ältesten aller großen Kaufhäuser der Stadt keinesfalls. Hervorgegangen aus einer kleinen Boutique, wuchs das Bon Marché um 1870 zu Kaufhausgröße an. Neben anderen stellte Gustave Eiffel beim Neubau seine Ingenieurskunst unter Beweis. Erweitert wurde das Haus nochmals 1923, was an seiner geradlinigen Art-déco-Bauweise vor allem im Inneren leicht abzulesen ist › S. 31.

Ein absolutes Muss für Freunde exotischer Feinschmeckerabteilungen und eines riesigen kulinarischen Angebots aus aller Welt ist die **Grande Epicerie** › S. 34, die zum Kaufhaus Le Bon Marché gehört. Dieser überdimensionale Delikatessenhimmel bietet rund ums Jahr fast alles, was das Herz begehren könnte.

Boulevard St-Germain 18

Dieser breite Boulevard entstand erst im Zuge der städtebaulichen Veränderungen Mitte des 19. Jhs. durch Baron Haussmann. Ein Gewirr kleiner mittelalterlicher Gassen musste ihm weichen. Der interessanteste Abschnitt des Boulevards reicht von der Kreuzung mit der Rue du Bac im Westen bis hin zum **Hôtel de Cluny** › S. 101 weiter östlich. Traditionelle Treffpunkte des kulturellen, aber auch des politischen Paris waren (und sind) die Cafés und Brasserien rund um die Place St-Germain-des-Prés.

Zwischenstopp: Café/Restaurant

Berühmt geworden sind das Café **Les Deux Magots** und das **Café de Flore** beide › S. 29, in denen Literaten wie Jean-Paul Sartre und Simone de Beauvoir in Manuskripte vertieft ihre Tage verbrachten. Denn hier war es geheizt, und der Kaffee beflügelte den kritischen Geist. Wenn sich der Hunger einstellte, brauchte man nur die Straßenseite zu wechseln: Die **Brasserie Lipp** › S. 26 gilt seit den 1920er-Jahren als die »Kantine von St-Germain«.

**St-Germain-des-Prés 19

Die in großen Teilen noch romanische Kirche ist der einzige sichtbare Überrest einer im Mittelalter mächtigen Benediktinerabtei vor den Toren von Paris. Der Namenszusatz »des Prés«, verweist auf die ausgedehnten Ländereien im Besitz der Abtei des hl. Germanus (St-Germain). Das Kloster unterstand direkt dem Papst und war somit unabhängig vom Pariser Bischof. Mit der Französischen Revolution verschwanden auch noch die letzten Reste der Klosteranlage; nur der Chor der ehemaligen Abteikirche stammt noch aus dem 12. Jh. Im Inneren wirkt der Bau heute ziemlich düster.

*Place Furstenberg 20

Benannt ist dieser Platz nach Wilhelm Egon von Fürstenberg

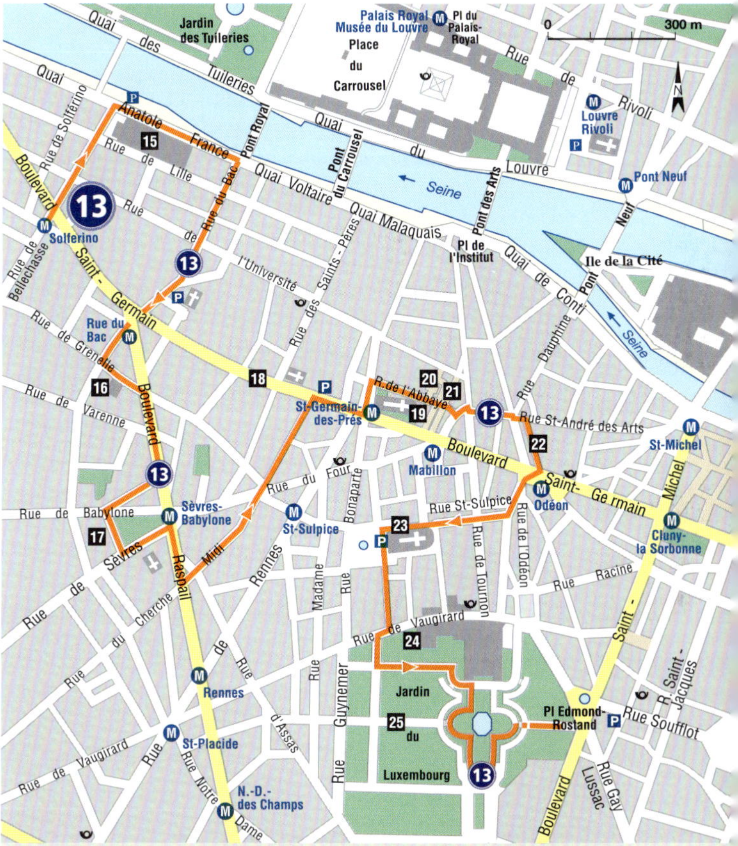

Touren links der Seine – St.-Germain-des Prés

Tour 13

Durch St-Germain-des-Prés

15 Musée d'Orsay
16 Musée Maillol
17 Bon Marché
18 Boulevard St-Germain
19 St-Germain-des-Prés
20 Place Furstenberg
21 Musée Delacroix
22 Passage du Commerce St-André
23 St-Sulpice
24 Musée du Luxembourg
25 Jardin du Luxembourg

› Karte S. 109

(1629–1704), einem deutschen Adligen, der 1657 die Bekanntschaft des jungen Königs Ludwig XIV. machte und an den französischen Hof übersiedelte. Ihm unterstand die mächtige Abtei St-Germain-des-Prés, wo er 1704 starb. Heute umgeben einige exquisite Einrichtungsgeschäfte den malerischen Platz mit seinen großen Blauglockenbäumen in der Mitte. Schon mehrfach wurden hier Filmszenen gedreht: z.B. für »Zeit der Unschuld« von Martin Scorsese.

Erst-! klassig

Die schönsten Pariser Plätze

- **Place Dauphine** › S. 65
  Der alte Königsplatz ist einer der romantischsten Orte in Paris. In den kleinen Bistros lässt sich die Mittagszeit am besten genießen.
- **Place Vendôme** › S. 76
  Prächtig ging es hier nicht nur zur Zeit Ludwigs XIV. zu – unter seinem Sonnensymbol funkeln heute die Juwelen in den Schaufenstern.
- **Place Furstenberg** › S. 109
  Vor allem im Frühjahr, wenn der riesige Blauglockenbaum blüht, ist der versteckte Platz im St-Germain-des-Prés-Viertel ein beliebtes Fotomotiv.
- **Place du Marché Ste-Catherine** › S. 120
  Auf dem (fast) autofreien Platz fällt die Auswahl immer schwer: auf einer Bank unter Bäumen ausruhen oder sich doch ins Café setzen?
- **Place des Vosges** › S. 122
  Ein Bummel unter den Arkaden bietet nicht nur bei Regen Schutz. Die architektonische Perfektion des über 400 Jahre alten Platzes vergisst man so schnell nicht mehr.

Musée Delacroix 21

An einer Ecke des Place Furstenberg liegt der Eingang zu einem Ateliermuseum, das einem der berühmtesten französischen Maler des 19. Jhs. gewidmet ist.

1857 hatte Eugène Delacroix (1798–1863), der Maler der berühmten Revolutionsallegorie von 1830, »Die Freiheit führt das Volk an« (zu sehen im Louvre › **S. 68**), das kleine Haus an der Place Furstenberg bezogen. Im romantischen Garten ließ er sich ein Atelier einrichten, das ebenfalls zu besichtigen ist. In den Wohnräumen, in denen Delacroix 1863 starb, sind Porträts, Aquarelle und Skizzen zu seinen Ölbildern ausgestellt, die heute in den großen Museen hängen (6, Rue de Furstenberg, tgl. außer Di 9.30 bis 17 Uhr, www.musee-delacroix.fr).

Die Rue de l'Abbaye stößt bald auf die Rue de Seine, die für ihre Kunstgalerien bekannt ist. Vor allem vormittags füllt sich die Rue de Buci mit Leben, denn hier reiht sich ein Lebensmittelgeschäft an das nächste. In der Rue St-André-des-Arts zweigt dann plötzlich unter einem Torbogen eine enge, mit Kopfsteinen gepflasterte Gasse ab.

Erst-! klassi

Passage du Commerce St-André 22

Die niedrigen Häuser zu beiden Seiten dieser Gasse, einem Verbindungsgang zum Boulevard St-Germain, stammen alle aus der Zeit kurz vor der Französischen Revolution. Im Haus Nr. 9 soll Dr. Guillotin die nach ihm benannte Erfindung erstmals an Schafen getestet haben. Heute geht es hier ruhiger zu. Eine Folge kleiner, versteckter Höfe um die Cour de Rohan öffnet sich zur Linken.

Tritt man wieder auf den Boulevard St-Germain hinaus, braust lautstark der Autoverkehr vorbei. Um die Metrostation **Odéon** fallen die vielen Kinos auf, die sich in diesem Studentenviertel auch am Nachmittag keine Sorgen um Kundschaft machen müssen.

St-Sulpice 23

Der Kirchenbau ist gewaltig. Einst stand hier eine kleine Kirche aus dem 12. Jh. Als das Quartier zu wachsen begann, wurde 1646 der Grundstein für den jetzigen Kirchenbau St-Sulpice gelegt. Nachdem ein Blitz die Fassade zerstört hatte, wurde Mitte des 18. Jhs. die heutige Kirche errichtet. Mit ihren beiden Türmen, von denen der rechte nie fertig wurde, macht sie einen recht strengen Eindruck.

Im pompösen Inneren ist vor allem die allererste Kapelle im rechten (südlichen) Seitenschiff sehenswert. Hier hat der Maler Eugène Delacroix 1861 auf einem Wandbild Jacob mit dem Engel kämpfen lassen.

Musée du Luxembourg 24

Neben einem der Eingänge zum Jardin du Luxembourg liegt die ehemalige Orangerie des Palais du Luxembourg. Zur Rue de Vaugirard hin wurde um 1880 ein weiteres Gebäude errichtet, das heute das Musée du Luxembourg beherbergt.

In diesem Bau veranstaltet der Senat sehr erfolgreiche Ausstellungen. Sie gelten häufig der klassi-

Im Jardin du Luxembourg gingen auch Jean-Paul Sartre und Simone de Beauvoir gern spazieren

schen Moderne, aber auch der Kunst der Renaissance, denn schließlich tagt der Senat, die zweite Kammer des französischen Parlaments, im Palais du Luxembourg. Diese Residenz breitet sich prachtvoll zum Jardin du Luxembourg hin aus (19, Rue de Vaugirard, www.museeduluxembourg.fr).

7 **Jardin du Luxembourg 25

Maria de' Medici, die Witwe des 1610 ermordeten Königs Heinrich IV., kaufte 1612 das Gelände, um hier ein Palais für sich errichten zu lassen. Ihr Architekt ließ sich vom Vorbild des Palazzo Pitti in Florenz inspirieren, der Heimatstadt seiner Auftraggeberin. Zur Verherrlichung ihres eigenen Lebens beauftragte Maria de' Medici den flämischen Maler Peter Paul Rubens, dessen Stationen auf großformatigen Bildern zu verewigen. Sie hingen zunächst im Treppenaufgang; inzwischen befindet sich der Zyklus im Musée du Louvre › S. 76.

Der Palastgarten der Maria de' Medici wurde erst im frühen 19. Jh. öffentlich zugänglich. Heute ist er die grüne Lunge der Rive Gauche. Metallstühle, die sich beliebig versetzen lassen, stehen frei zur Verfügung. Erst-! klassig Ein altes Marionettentheater und ein riesiges Spielareal für Kinder (Eintritt; › Special Kinder S. 23) sind vor allem an den Wochenenden gut besucht. Im Schatten der alten Platanen wird Boule gespielt, und der kleine Teesalon unter Bäumen ist fast immer bis auf den letzten Platz besetzt.

Tour 14 Am **Montparnasse

Tour-Übersicht:

Verlauf: *Musée Bourdelle › Tour Montparnasse › Boulevard du Montparnasse › Rue de la Gaîté › Place de Catalogne › *Notre-Dame-du-Travail › *Cimetière du Montparnasse › Catacombes › Place Denfert Rochereau › **Fondation Cartier

Dauer: 3 Std. reine Gehzeit

Praktische Hinweise:

- Mo sind sowohl das Musée Bourdelle als auch die Fondation Cartier geschlossen.
- Sa pulsiert das Leben auf zwei Wochenmärkten: auf dem Boulevard Edgar Quinet und auf der Place Brancusi in der Nähe der Rue de l'Ouest (Biomarkt).
- Beginnen Sie den Spaziergang am besten an der Ⓜ Duroc.

Tour-Start: *Musée Bourdelle 26

Antoine Bourdelle (1861–1929) gehört nicht gerade zu den bekanntesten Bildhauern des frühen 20. Jhs., aber als Schüler Rodins und Lehrer Giacomettis gebührt ihm dennoch ein wichtiger Platz. Seine Skulpturen sind monumental und finden ihre Vorbilder in der Antike und im Mittelalter. Bourdelles Stil ist die gemäßigte Moderne. Erst lange nach seinem Tod öffnete man sein ehemaliges Atelier als Museum (18, rue A. Bourdelle, www.bourdelle.

paris.fr, tgl. außer Mo 10–18, Eintritt nur für Wechselausstellungen).

Tour Montparnasse 27

Wäre dieses Hochhaus nicht das einzige auf Pariser Stadtgebiet und wäre der Ausblick über ganz Paris von seiner Panoramaterrasse in 210 m Höhe nicht so spektakulär, kaum jemand würde sich für den 56 Stockwerke hohen Tour Montparnasse interessieren (tgl. 9.30 bis 23.30, Okt.–März bis 22.30, Fr, Sa bis 23 Uhr, Eintritt 13,50 €, für Kinder unter 7 Jahren frei, www.tourmontparnasse56.com).

Seit 1974 gehört das Hochhaus zur Neugestaltung des Geländes, auf dem einst die 1852 eröffnete alte Gare Montparnasse stand. Der neuere Bahnhof von 1990 zu Füßen des Hochhauses ist heute einer der wichtigsten in Paris: Von hier starten die Hochgeschwindigkeitszüge in Richtung Atlantikküste.

Boulevard du Montparnasse 28

Zwischen der Place du 18 juin 1940 und der Place Pablo Picasso zeigt sich der Boulevard du Montparnasse von seiner besten Seite. Kinos wechseln sich mit Theatern und Brasserien ab. Abends will diese Lebensader des Montparnasse-Viertels nicht zur Ruhe kommen, und das seit über 100 Jahren. Nachdem der Montmartre für die Künstler an Attraktivität verloren hatte, traf man sich eben am Montparnasse.

Touren links der Seine – Montparnasse

Tour 14

Am Montparnasse

- 26 Musée Bourdelle
- 27 Tour Montparnasse
- 28 Boulevard du Montparnasse
- 29 Rue de la Gaîté
- 30 Place de Catalogne
- 31 Notre-Dame-du-Travail
- 32 Cimetière du Montparnasse
- 33 Catacombes
- 34 Fondation Cartier

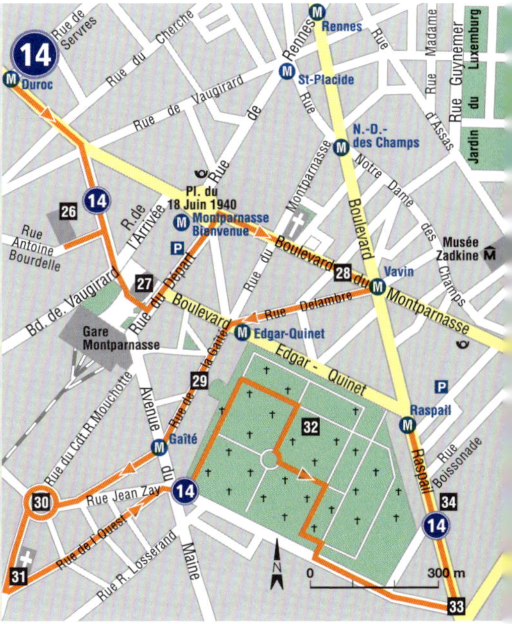

› Karte S. 113

Zwischenstopp: Restaurants

Künstler wie Brancusi, Chagall, Matisse, Picasso und Modigliani verkehrten einst In den legendären Brasserien **La Coupole ●●** › S. 26 von 1927 und **La Rotonde ●●** von 1911 im Art-déco-Stil.

- Nr. 105
- Tel. 01 43 26 48 26
- www.rotondemontparnasse.com
- tgl. 12–1 Uhr

Erst-! klassig

Über Paris blicken

- **Notre-Dame** › S. 60
  Unheimlich sind sie schon, die monströsen Wasserspeier hoch oben auf den Türmen der Kathedrale. Der einmalige Blick auf die Innenstadt entschädigt für Grusel und Treppensteigen.
- **Sacré-Cœur** › S. 82
  Erst der Rundumblick von der Kuppel der Basilika vermittelt den richtigen Eindruck von der außergewöhnlichen Lage des Montmartre-Viertels auf seinem Hügel.
- **Arc de Triomphe** › S. 91
  Auf der Panoramaterrasse liegen einem die Champs-Élysées zu Füßen, besonders eindrucksvoll an einem Dezemberabend bei weihnachtlicher Festbeleuchtung.
- **Tour Eiffel** › S. 95
  Zwar muss man viel Geduld mitbringen, wenn man die oberste Etage mit dem Aufzug erklimmen möchte. Doch Wartezeiten steigern ja auch die Vorfreude.
- **Tour Montparnasse** › S. 113
  Höher hinaus geht's nur noch auf dem Eiffelturm, aber gerade von hier aus sieht man diesen am besten.

Rue de la Gaîté 29

Die Rue de la Gaîté ist heute vor allem bekannt für ihre vielen Theater. Im frühen 19. Jh., als die Straße noch vor den Toren von Paris lag, gab es hier eine Vielzahl von *guinguettes*, volkstümlichen Cabarets, in denen meist auch Tanzbälle veranstaltet wurden. Von den traditionsreichen Adressen hat sich noch das **Théâtre Montparnasse** erhalten (Nr. 31), dessen Café von 1886 für jedermann zugänglich ist.

Nightlife

Erst-! klassig

Eine Hommage an Orson Welles und eine Institution des Montparnasse ist die Cocktailbar **Rosebud,** die gerade ihr 50-jähriges Jubiläum gefeiert hat.

- 11 bis, rue Delambre | Ⓜ Vavin
- Tel. 01 43 35 38 54
- tgl. 19–2 Uhr

Place de Catalogne 30

Diesen Platz entwarf der katalanischen Architekt Riccardo Bofill 1985. Er verwendete Architekturelemente wie die Säule mit Kapitell oder den Giebel, die man ansonsten nur von Schlossfassaden oder Adelspalästen her kennt. Bofill ließ diese jedoch aus Beton gießen und errichtete damit Wohnungsbauten. In der Platzmitte ragt schräg eine riesige, unaufhörlich von Wasser überrieselte Scheibe aus dem Boden, die aus Tausenden von Granitsteinen aus der Bretagne besteht.

*Notre-Dame-du-Travail 31

Das Innere der Kirche macht schnell deutlich, warum sie den Namen

»Liebfrauenkirche der Arbeit« trägt. Wie eine Fabrikhalle besteht sie aus einem Metallskelett mit filigranen Stützen und hohen Gewölben, die den Formen der Gotik nachempfunden sind. Dieser ungewöhnliche Kirchenraum entstand um 1900. So ist es auch der Jugendstil, der deutlich an den Wandgemälden mit ihren religiösen Szenen abzulesen ist.

Zwischenstopp: Brasserie La Coupole

*Cimetière du Montparnasse 32

Im 16. Jh. gab es hier vor der Stadt lediglich eine Schutthalde, die bald zu einem kleinen Hügel anwachsen sollte. Ein Jahrhundert später gab ihm der Volksmund den Namen Montparnasse.

Erst 1824 wurde an dieser Stelle ein Friedhof angelegt, damals immer noch vor den Toren von Paris. Der Literat Guy de Maupassant, die Maler André Lhote und Man Ray, der Komponist Camille Saint-Saëns sowie Jean-Paul Sartre und Simone de Beauvoir liegen hier begraben (Mitte März–Anfang Nov. Mo–Fr 8–18, sonst bis 17.30, Sa ab 8.30, So ab 9 Uhr).

Catacombes 33

Nachdem aus hygienischen Gründen die innerstädtischen Friedhöfe von Paris geschlossen worden waren, fanden zwischen 1786 und 1815 Millionen menschlicher Skelette eine neue Bleibe. Die unterirdischen Kalksteinbrüche, damals noch im Süden vor den Toren von Paris gelegen, nahmen in ihrem verzweigten Tunnelsystem die menschlichen Gebeine auf. Auch heute noch kann der skurrile Ort für Gänsehaut sorgen. In einigen unterirdischen Gängen schichtete man die Knochen nach Größe und dann in geometrischen Mustern auf – sicherlich keine Arbeit für sensible Gemüter (1, pl. Denfert-Rochereau, Di–So 10–17, letzter Einlass 16 Uhr, www.catacombes.paris.fr).

*Fondation Cartier 34

Die französische Nobelmarke Cartier, bekannt für teure Statussymbole wie Juwelenschmuck und Uhren, leistet sich seit 1984 den Luxus, in aktuelle Kunst zu investieren. Mit viel Sachverstand und Leidenschaft wurde eine eigene Sammlung aufgebaut, für die Stararchitekt Jean Nouvel 1994 ein geniales Gebäude errichtete.

Hinter einer Glaswand entstand ein ebenfalls gläserner Bau, in dem die Fondation Cartier seither residiert und meist spektakuläre Ausstellungen zu Malerei, Skulptur, Video, Fotografie, Design und Kino organisiert (261, blvd. Raspail, www.fondation.cartier.com, tgl. außer Mo 11–21, Di bis 22 Uhr).

**Marais und der Osten

Das Beste!

- Am Canal St-Martin das Treiben an den Schleusen beobachten › S. 125
- Den Marché d'Aligre besuchen › S. 123
- Die Dekorationen im Restaurant Le Train Bleu bestaunen › S. 124
- Hinaufsteigen zum Rundtempel im Parc des Buttes Chaumont › S. 128
- Auf dem Friedhof Père Lachaise den Gräbern von Oscar Wilde oder Jim Morrison einen Besuch abstatten › S. 129

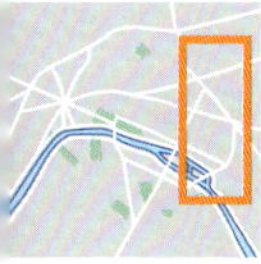

Im stimmungsvollen Marais liegt mit der Place des Vosges wohl einer der schönsten Plätze von Paris. Die Viertel im Osten um den Friedhof Père Lachaise und den Parc de la Villette haben in den letzten Jahren stark an Attraktivität gewonnen.

Marais bezeichnet im Französischen den Sumpf. Dieser wurde bereits seit dem 13. Jh. an den rechten Seine-Ufern trockengelegt; im 17. Jh. entstand hier ein nobles Pariser Quartier, in dem der Adel seine Paläste errichten konnte. Viele dieser Palais haben sich erhalten, doch sind es jetzt meist Museen oder Bibliotheken, die sich in den sorgsam restaurierten Gemäuern ausgebreitet haben. Die von gleichförmigen Pavillons umstandene Place des Vosges ist vielleicht der schönste Pariser Platz. Er lag ursprünglich kurz vor der östlichen Stadtgrenze. Hier sollte dann Ende des 18. Jhs. eine kleine Bastion in die Geschichtsbücher eingehen: die Bastille, von der nichts mehr übrig ist, da sie während der Französischen Revolution niedergerissen wurde. Dahinter öffnet sich der Pariser Osten, der in den letzten zehn Jahren stark an Attraktivität gewonnen hat. Von den innerstädtischen Immobilienpreisen abgeschreckt, zog es vor allem junge Leute und Familien in diese sozial und ethnisch sehr gemischten Viertel von Paris. Zwischen dem berühmten Friedhof Père Lachaise und dem Parc de la Villette im Nordosten zeigt sich Paris einmal nicht von seiner musealen Seite. Multikultureller als Belleville ist kein anderes Viertel von Paris, und die Kneipendichte der Rue Oberkampf ist legendär. Gemächlich geht es an den Ufern des Canal de l'Ourcq und Canal St-Martin zu.

Oben: Géode-Kino im Parc de la Villette

Links: Die von Niki de Saint-Phalle gestaltete Fontaine Stravinsky vor dem Centre Pompidou

Touren im Marais und im Osten

Tour 15 Centre Pompidou bis Gare de Lyon

Tour-Übersicht:

Verlauf: ***Centre Pompidou › ***Musée Picasso › Rue des Rosiers › **Musée Carnavalet › *Hôtel de Sully › **Place des Vosges/Musée de Victor Hugo › *Place de la Bastille › Rue du Faubourg St-Antoine › Marché d'Aligre › Viaduc des Arts › Gare de Lyon

Dauer: 2–3 Std. reine Gehzeit

Praktische Hinweise:

- **Ausgangspunkt:** Ⓜ Rambuteau am Centre Pompidou.
- Da das Centre Pompidou und das Musée Picasso Di und das Musée Carnavalet Mo geschlossen haben, sollte man die Tour an keinem der beiden Tage unternehmen.

Tour-Start:

8 ***Centre Pompidou 1

Wer an der Metrostation Rambuteau aussteigt, steht plötzlich vor einem riesigen, scheinbar nur aus farbigen Röhren und weißem Gestänge bestehenden Baukörper, der von einigen Parisern gern als »innerstädtische Ölraffinerie« bezeichnet wird – so befremdlich ist für viele sein Aussehen noch heute. Dabei steht das Centre National d'Art et de Culture Georges Pompidou schon seit weit über 30 Jahren.

Das Centre Pompidou ist das Werk der Architekten Richard Rogers und Renzo Piano. 1977 fertiggestellt, zeichnet es sich architektonisch dadurch aus, dass sich die eigentliche Konstruktion des Baus mit seinen sechs Stockwerken nicht hinter Fassaden versteckt, sondern offengelegt wird.

Höhepunkt des Centre ist zweifellos das **Musée National d'Art Moderne** (4. und 5. Stock), das neben dem New Yorker Museum of Modern Art die weltweit größte Sammlung moderner Kunst besitzt. Im 5. Stock wird die Kunst von 1905 bis 1960 in hervorragenden Beispielen von Matisse über Picasso, Delaunay, Miro, Chagall und Kandinsky bis Calder u. a. gezeigt. Der Museumsbesuch sollte hier oben beginnen. Eine Etage tiefer ist die Kunst von 1960 bis heute zu sehen. An den ausgestellten Werken vorbei fällt der Blick durch die großen Fensterfronten, hinter denen sich das Pariser Häusermeer ausbreitet.

Im Bau untergebracht sind auch eine öffentliche Bibliothek (1.–3. Stock), Säle für Film- und Ballettvorführungen, Konzerte sowie natürlich für Kunstausstellungen. Eine Buchhandlung und ein Designshop runden das Angebot ab. (tgl. außer Di 11–21, letzter Einlass 20 Uhr, www.centrepompidou.fr).

Zwischenstopp: **Restaurant**

Das Centre bietet neben dem relaxten **Mezzanine Café** im 2. Stock als gastro-

nomisches Aushängeschild das futuristische Restaurant **Georges** ●●● im 6. Stock mit seinem spektakulären Ausblick über fast ganz Paris.
- Tel. 01 44 78 47 99
- 12–22 Uhr, Di geschl.

Auf dem Platz vor dem Centre kommen täglich viele Menschen zusammen, die sich von Straßenkünstlern unterhalten lassen oder sich z. B. an der Schmalseite des Gebäudes vor der »Fontaine Igor Strawinsky« mit amüsanten wasserspritzenden Maschinen und bunten Figuren des Künstlerpaars Jean Tinguely/Niki de Saint Phalle fotografieren lassen.

*Musée Picasso 2

Eins der großen Adelspalais des Marais, das Hôtel Salé, bietet den Rahmen für ein berühmtes Museum: Der um 1660 errichtete Bau beherbergt die staatliche Picasso-Sammlung. Alle Schaffensperioden des großen Spaniers sind hier vertreten: von den bereits meisterhaften Skizzen aus seiner Kindheit, die das Genie schon deutlich erkennen lassen, bis hin zu seinem pastosen und fast etwas depressiv wirkenden Spätwerk. Gemälde, Keramiken, Reliefs und Skulpturen sind zu sehen. (Wegen Renovierung bleibt das Museum bis Ende 2013 geschlossen; www.musee-picasso.fr)

Rue des Rosiers 3

Im Jiddischen werden die Rue des Rosiers und ihre Seitenstraßen als das Pletzl bezeichnet. Vor der Französischen Revolution waren es vor allem Juden von der iberischen Halbinsel, die Sephardim, die hier eine Gemeinschaft bildeten. Seit dem 19. Jh. siedelten sich dann viele Juden aus Mittel- und Osteuropa hier an. Diese Aschkenasim richteten ihr Leben streng religiös aus. Koschere Geschäfte wie Bäckereien und Metzgereien der orthodoxen Juden bestimmten das Bild im Pletzl. Heute hat sich dies geändert, denn immer mehr schicke Mode- oder Einrichtungsboutiquen verdrängen die alteingesessenen Geschäfte. Die Bewohner beklagen den Wandel ihres Viertels. Die Schließung des einst berühmten Restaurants Jo Goldenberg, des kulinarischen Aushängeschilds der Rue des Rosiers, war ein Schock.

Zwischenstopp: **Restaurant**

Geblieben sind Falafel-Snacks, Cafés und glücklicherweise das Restaurant **Chez Marianne**, wahrlich eine Institution im Marais-Viertel › **S. 27.**

Erst-! klassig

Versorgungsleitungen als gestalterisches Element am Centre Pompidou

**Musée Carnavalet 4

In der Rue des Francs-Bourgeois liegen die ältesten Hôtels des Marais. Das Hôtel Carnavalet wurde im Renaissancestil des 16. Jhs. errichtet und später mehrfach umgebaut. Im Ehren- und heute Eingangshof steht ein Bronzestandbild Ludwigs XIV.

Seit 1989 ist in dem Bau das Musée Carnavalet untergebracht, das die Pariser Stadtgeschichte von der Bronzezeit bis in die Gegenwart anhand archäologischer Fundstücke sowie mit herausragenden Kunstwerken nachzeichnet (23, rue de Sévigné, tgl. außer Mo 10–18 Uhr, Eintritt nur für Wechselausstellungen, www.carnavalet.paris.fr).

Durch die Rue de Sévigné gelangt man bald zur kleinen **Place du Marché Ste-Cathérine** mit ihren vielen Bistros unter Bäumen. Die Rue de Turenne führt anschließend hinunter zur hektischen Rue St-Antoine, an der sich der prächtige Eingang zum Hôtel de Sully befindet, heute Sitz des Amtes für Denkmalpflege (Nr. 62).

*Hôtel de Sully 5

Das Palais wurde von einem der um 1600 berühmtesten Männer Frankreichs bewohnt, von Maximilian de Béthune, Graf von Sully. Auf dem Höhepunkt seiner Karriere war er Finanzberater von Heinrich IV., der

Tour im Marais

Tour 15

Centre Pompidou und Marais

1 Centre Pompidou
2 Musée Picasso
3 Rue des Rosiers
4 Musée Carnavalet
5 Hôtel de Sully
6 Place des Vosges
7 Place de la Bastille
8 Rue du Faubourg-St-Antoine
9 Square Trousseau
10 Marché d'Aligre
11 Viaduc des Arts
12 Gare de Lyon

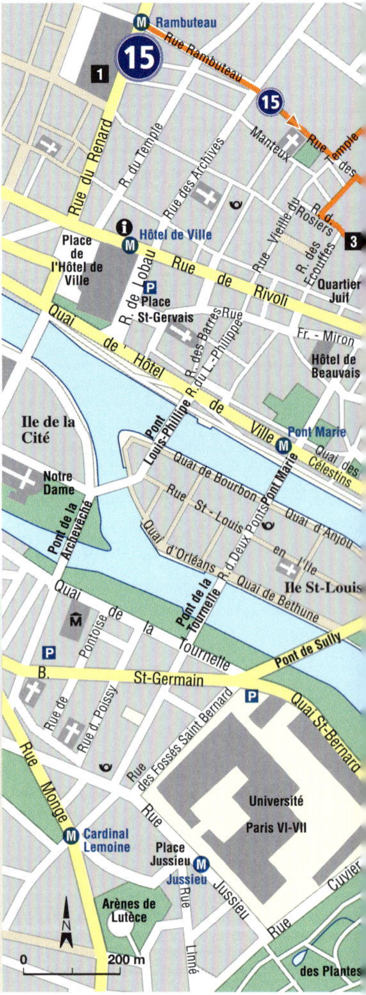

1594 als erster Bourbone französischer König wurde. Sully wohnte ansonsten auf seinem Stammschloss an der Loire. Als er das Palais im Pariser Marais erwarb, war er bereits 74 Jahre alt. Er ließ es üppig dekorieren und vor allem mit großen Fenstern versehen, um Licht hereinzulassen. An den Fassaden des Eingangshofs, den ein Torbau zur Straße hin begrenzt, finden sich allegorische Reliefs: Der Herbst als junger Mann mit Weintrauben, der Winter als alter bärtiger Mann mit

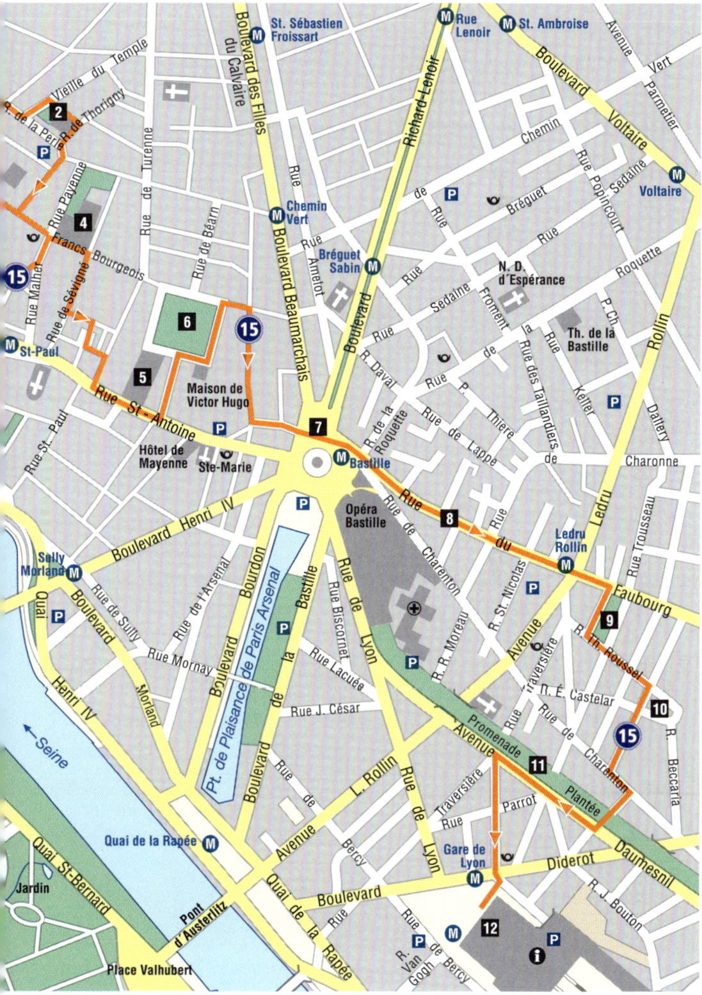

Stock und vier spärlich bekleidete Frauen sind zu erkennen. Sie stellen die vier Elemente Wasser, Erde, Feuer und Luft dar. Durch den Haupteingang gelangt man auf die Gartenseite des Palais. Hier stellen zwei weibliche Allegorien den Frühling mit Füllhorn und den Sommer mit Kornähren dar. Nach Norden wird der großzügige Garten von einer Orangerie mit Sonnenuhr begrenzt. Rechts führt ein Durchgang (tgl. 9–19 Uhr) direkt unter die Arkaden der Place des Vosges.

9 **Place des Vosges 6

Mit dem Entwurf zu diesem Platz wurde erstmals eine der großen Anlagen verwirklicht, die man zuerst auch nur mit »La Place« bezeichnete. In den 1630er-Jahren erkor der Hochadel den Platz zu seiner bevorzugten Wohngegend. Der geometrische Grundriss, die einheitliche Bebauung mit uniformen Fassaden und die Königsfigur Ludwigs XIII. im Zentrum stellen die drei Grundelemente dar, die die Place des Vosges zum Prototypen für alle Königsplätze machen sollten.

Von der sprichwörtlichen Pariser Hektik blieb die Place des Vosges bisher zum Glück verschont: im Sommer bleibt keine Parkbank unter den Bäumen frei, manche picknicken auf dem Rasen, und unter den Arkaden locken Antiquitätenläden und kleine Restaurants wie das **La Place Royale** (2 *bis*).

In der Südostecke des Platzes wohnte Victor Hugo; sein Haus ist als Musée de Victor Hugo zu besichtigen (6, Place des Vosges, tgl. außer Mo 10–18 Uhr, Eintritt frei, außer Wechselausstellungen, www.musee-hugo.paris.fr).

Erst-klassig

*Place de la Bastille 7

Im Osten wird das Marais durch die Place de la Bastille begrenzt. Hier stand die alte Festung mit dem gefürchteten Gefängnis, in dem jeder, gleich welchen Ansehens und Standes, im 18. Jh. auf Befehl des Königs ohne Gerichtsverhandlung landen konnte. Gleich nach der Erstürmung der Bastille am 14. Juli 1789, dem Auftakt zur Französischen Revolution, wurde die Zwingburg zerstört. Die Säule in der Mitte erinnert an die Julirevolution von 1830, die die reaktionäre Regierung von Karl X. stürzte.

Eine Platzseite wird vom gewaltigen Bau der 1989 zur 200-Jahr-Feier der Französischen Revolution eröffneten ****Opéra National de Paris** bestimmt › S. 37. Das riesige, vom kanadischen Architekten Carlos Ott entworfene Gebäude mit seiner halbrunden Fassade und dem schräg davorgestellten Tor über der Freitreppe hat das ganze Stadtviertel ringsum verändert. Die Mieten und Immobilienpreise stiegen, und aus dem Viertel der kleinen Leute ist eines der teuren Pariser Quartiers mit schicken Bars, Clubs und Restaurants geworden. Die Place de la Bastille und die Rue de la Roquette sind hierfür die besten Beispiele.

Rue du Faubourg-St-Antoine 8

Das Quartier du Faubourg-St-Antoine war einst ein Pariser Vorort

Unter den Arkaden der Place des Vosges gibt es einige hübsche Lokale

(faubourg), in dem fast ausschließlich Handwerker arbeiteten. Die exklusiven Möbel der französischen Könige gingen fast alle durch die Hände der Schreiner, Vergolder oder Polsterer in den Werkstätten des Faubourg-St-Antoine.

Nur wenige Handwerker haben den Wandel, den das Viertel seit dem Bau der Oper erfahren hat, überstanden. Aus ihren Werkstätten wurden schicke Boutiquen, Szenebars oder Bistros. Die **Passage du Cheval Blanc** ist zu einer der Vorzeigegassen geworden – mittlerweile sind u. a. ein Radiosender und Architekturbüros eingezogen. Einen Blick zurück in vergangene Zeiten bieten aber die Hinterhöfe Cour de l'Étoile d'Or, Cour de l'Ours und Cour de la Maison Brulée: Noch heute werden hier Möbel hergestellt und verkauft.

Hinter der Avenue Ledru Rollin erscheint rechts ein kleiner Park, der **Square Trousseau** 9 mit einem gusseisernen Musikpavillon in der Mitte.

Zwischenstopp: **Restaurant**

An der südwestlichen Platzecke offeriert das urig-typische Bistro **Le Square Trousseau** ●● auf der sehr traditionellen Speisekarte Klassiker der französischen Hausmannskost.

- Tel. 01 43 43 06 00
- 8–2 Uhr.

Marché d'Aligre 10

10

An der Place d'Aligre zeigt sich Paris ganz von seiner multikulturellen Seite: In der alten Markthalle mit ihrer hölzernen Dachkonstruktion und dem Brunnen im Zentrum finden sich die Käse- und Fleischgeschäfte, draußen die bunte Mischung aus Obst- und Gemüseständen, Kleider- und Blumenhändlern. Angepriesen wird hier in arabischer und französischer Sprache › **S. 31**.

Viaduc des Arts 11

Der Viaduc des Arts ist eine aus Ziegelsteinen gemauerte Reihe von breiten Bögen, die einst die Gleisanlagen trugen, die entlang der

Avenue Daumesnil zum heute verschwundenen Bastille-Bahnhof führten.

Unter den Arkaden haben sich jetzt teure Einrichtungsgeschäfte und Werkstätten angesiedelt. Oben verläuft eine begrünte Promenade, zu der man über Treppen an mehreren Punkten auf- und absteigen kann. Jogger und Fußgänger fühlen sich hier beinahe wie auf einem Waldweg inmitten der Großstadt.

Gare de Lyon 12

Einer der großen Kopfbahnhöfe in Paris ist die zur Weltausstellung von 1900 eröffnete Gare de Lyon. Den Vorplatz überragt ein hoher Uhrenturm, der an Big Ben in London erinnert. In der großen Halle fällt sofort die breite Freitreppe auf, die zu einem Restaurant in der ersten Etage hinaufführt. Hier oben verbirgt sich hinter einer alten Drehtür das einstige Bahnhofsbuffet.

Zwischenstopp: **Restaurant**

In dem schon lange unter Denkmalschutz stehenden Restaurant **Le Train Bleu** ●●–●●● funkeln Messing und Blattgold an Wänden und Decke. Fresken aus der Belle Epoque schüren das Fernweh der Reisenden. Zu sehen sind Meeresstrände, Bergstädte oder Alpengipfel. Sie porträtieren die Stationen an der Bahnstrecke Paris–Lyon–Mittelmeer (PLM). Heute wie damals kann man hier speisen › **S. 24** oder in der Bar auch nur ein letztes Glas vor der Abfahrt gen Süden trinken.

- Tel. 01 43 43 09 06
- www.le-train-bleu.com

Tour 16 Entlang den Kanälen

Tour-Übersicht:

Verlauf: **Parc de la Villette › Cité des Sciences et de l'Industrie › Canal de l'Ourcq › Bassin de la Villette › Canal St-Martin › Quai de Valmy › Rue Oberkampf**

Dauer: 3–4 Std. reine Gehzeit

Praktische Hinweise:

- Von der Ⓜ Porte de Pantin aus sollte diese Tour unbedingt bei schönem Wetter unternommen werden, da sie an den Kanälen entlangführt.
- Alternativ gäbe es auch eine 2 ½-stündige Bootsfahrt vom Parc de la Villette aus zum Musée d'Orsay (17.3.–11.11., Abfahrt um 10 und 14.30 Uhr an der Brücke über den Canal de l'Ourcq, www.pariscanal.com).

Tour-Start: Parc de la Villette 13

Der Park entstand in den 1980er-Jahren nach Plänen des französischen Architekten Bernard Tschumi auf dem Gelände der früheren zentralen Schlachthöfe. Noch heute findet man daher auf Fleischgerichte spezialisierte alteingesessene Restaurants wie das Au Bœuf Couronné (»Zum gekrönten Rind«) mit seinem Belle-Epoque-Ambiente (188, ave. Jean Jaurès, Tel. 01 42 39 44 44, tgl. 12 bis 15 und 19–24 Uhr, ●●). In der **Grande Halle**, der alten Schlachthalle, fin-

Erst-! klassig

den heute Ausstellungen und Konzerte statt.

Zwei weitere Gebäudekomplexe fallen auf: Auf beiden Seiten des Löwenbrunnens hat der französische Architekt Christian de Portzamparc 1995 die **Cité de la Musique** und das **Conservatoire nationale de Musique et de Danse** errichtet. Daneben baut gerade Jean Nouvel die riesige Philharmonie. Vor allem die Cité de la Musique zieht Besucher an, die zu klassischen Konzerten kommen oder das Musikmuseum erkunden wollen (221, ave. Jean-Jaurès, tgl. außer Mo 12–18, So ab 10 Uhr, www.cite-musique.fr).

Cité des Sciences et de l'Industrie 14

Im dem didaktisch hervorragend präsentierten Technikmuseum wird die Welt der Technik und der Naturwissenschaften informativ und erklärt – mitmachen und ausprobieren ausdrücklich erwünscht (Di–So 10–18, So bis 19 Uhr, www.cite-sciences.fr).

Die überdimensionale, silbern glänzende Kugel vor dem Technikmuseum überwölbt das 360-Grad-Kino **La Géode**, das spektakuläre Naturfilme zeigt oder mit 3-D-Animationen die meist jungen Besucher etwa in die Welt der Dinosaurier entführt (Di–So ab 10.30 Uhr, www.lageode.fr).

Die Kanäle

Der **Canal de l'Ourcq** 15 war seit Beginn des 19. Jhs. eine wichtige Wasserstraße für den Lastentransport. Heute müssen nur noch Ausflugschiffe und Hobbykapitäne die Schleusen und beweglichen Brücken überwinden. Mit etwas Glück sieht man die hydraulische Hebebrücke an der Rue de la Crimée in Betrieb, wenn Schiffe auf Durchfahrt warten.

Rudervereine und Kinokomplexe mit Restaurants und Bars bestimmen das Bild am **Bassin de la Villette** 16. Am Südende beeindruckt die große Rotunde, errichtet als Zollstation kurz vor der Französischen Revolution.

Hat sie die Place de la Bataille de Stalingrad passiert, zieht sich die Wasserstraße als **Canal St-Martin** 17

SEITENBLICK

Le 104

Vom Kanal aus führt ein kurzer Abstecher zu einer der ausgefallensten Kulturadressen von Paris, dem »**Centquatre**« – ehemals das städtische Bestattungsinstitut. Der imposante Häuserblock (knapp 40 000 qm) aus dem 19. Jh. mit der Hausnummer 104 (daher sein aktueller Name) wurde mit Konzert- und Theatersälen, Ateliers, einem puristisch gestalteten Restaurant und Geschäften ausgestattet. Ein breites Publikum kann hier auf Tuchfühlung mit schaffenden Künstlern gehen oder einfach nur vorbeischauen.

- 104, rue d'Aubervilliers bzw. 5, rue Curial | Ⓜ Crimée
- Di–Fr 12–19, Sa/So ab 11 Uhr | www.104.fr

0
500 m
N
Porte de la Villette
Corentin Cariou
Rue G. Tessier
Quai de la Gironde
R. de l'Argonne
La Géode
La Cinaxe
La Villette
Zénith
Bd. Sérurier
Boulevard Périphérique
14
16
13
15
Grande Halle
Théâtre Paris-Villette
Musée de la Musique
Cité de la Musique
Porte de Pantin
R. de l'Ourcq
Rue de l'Ourcq
Flandre
Rue d'Aubervilliers
Rue Curial
Crimée
Le 104
Rue Riquet
Riquet
Avenue de Flandre
Rue de Crimée
Quai de l'Oise
Q. de la Marne
R. des Ardennes
R. de l'Ourcq
Quai de Metz
Jaurès
Ourcq
Petit
Manin
Bd.
R. de Tanger
Quai de la Seine
Bassin de la Villette
Quai de la Loire
Bd de Chapelle
Stalingrad
Rotonde de la Villette
Avenue Jean Jaurès
Meaux
Laumière
Mairie du 19e
Cimetière de la Villette
Rue Petit
Rue de Crimée
Rue Manin
Rue A. Carrel
R. La Fayette
Jaurès
17
23
20
21
Brunet
Danube
Sérurier
R. du Général
Rue Compans
Bolivar
Pailleron
R. E.
Av.
Canal Saint Martin
Quai de Jemmapes
Rue
Botzaris
Rue Botzaris
Buttes Chaumont
Av. Mathurin Moreau
Pl. du Col. Fabien
Colonel Fabien
Simon
Bolivar
Rue Fessart
Rue de la Villette
Place des Fêtes
R. des Bois
22
Jourdain
Rue de Belleville
Quai
Vellefaux
Bd. de la Villette
Av. S. Bolivar
Rébeval
Pyrénées
Rue des Pyrénées
Rue Pavillons
Rue Olivier Métra
St.-Louis
Av. Claude
Rue Saint-Maur
Belleville
Rue Piat
Rue Julien Lacroix
24
Rue de la Mare
Canal Saint Martin
Quai de Valmy
Avenue
Goncourt
Bd. de Belleville
Couronnes
Rue de Ménilmontant
18
République
Rue de la Folie Méricourt
Parmentier
Rue Saint-Maur
Théâtre des Amandiers
Rue Boyer
Rue Villiers de l'Isle
Ménilmontant
19
Oberkampf
Bd. de Ménilmontant
Gambetta
Oberkampf
Parmentier
Rue St-Maur
Av. de la République
Père Lachaise
Avenue Gambetta
Bd. du Temple
Boulevard Voltaire
Cirque d'Hiver
Filles du Calvaire
Avenue Parmentier
Rue Saint-Maur
R. du Chemin Vert
25
Richard Lenoir
St-Ambroise
Rue Duranti
St-Sébastien Froissart
Boulevard Beaumarchais
Bd. Richard-Lenoir
R. du Chemin Vert
Boulevard Voltaire
Mairie du 11e
Rue Léon
R. de la Roquette
Bd. de Ménilmontant
Voltaire
Philippe Auguste
Chemin Vert
Bréguet-Sabin
Place L. Blum
Place des Vosges
R. de la Roquette
Frot
Alexandre Dumas

weiter, überspannt von malerischen Brücken.

Seine letzten Kilometer bis zur Seine legt der Wasserweg seit 1860 unterirdisch zurück. Darüber entstanden Plätze und Gärten. Einige wenige Lichtschächte geben den Blick auf den unter die Erde verbannten Kanal frei.

Nightlife

BarOurcq
Vor allem am späten Abend das beliebteste Szenelokal des Viertels.
- 68, Quai de la Loire
- Tel. 01 42 40 12 26
- www.barourcq.fr
- Mi, Do 15–24, Fr, Sa 15–2, So 15 bis 22 Uhr; im Winter nur Sa, So

Quai de Valmy 18

Die Cafés am Quai de Valmy und dem gegenüberliegenden Quai de Jemmapes bieten den besten Ausblick auf die immer belebten Uferwege des Kanals. Der Square des Récollets ist Treffpunkt für Schaulustige, die im Schatten der Bäume die Schleuse bestaunen.

Auch das szenige Kulturzentrum **Point Éphémère**, das Ausstellungen und Konzerte veranstaltet, hat sich am Quai de Valmy eingerichtet. Eine sehr beliebte Bar direkt am ruhigen Kanal gehört ebenfalls dazu › **S. 70**.

An Sonntagen ist der Autoverkehr von den Quais verbannt, dann gehören sie den Fußgängern, Radfahrern und Rollschuhläufern. Man trifft sich im Hôtel du Nord (tgl. 9–1.30 Uhr), Kulisse des gleichnamigen Films von 1938, oder in der Bar **Chez Prune** (tgl. 10–1 Uhr; beide › **S. 71**).

Erst-! klassig

Rue Oberkampf 19

Die lebhafte Straße verdankt ihren Namen dem französischen Stofffabrikanten deutscher Herkunft Christophe-Philippe Oberkampf (1738–1815). Am späten Abend füllen sich hier die Cafés, Bars, Imbisse und Szenekneipen. Alteingesessene Geschäfte haben für immer geschlossen und ihre Räume meistbietend an die Kneipenkultur verkauft oder verpachtet. Die Karriere als Ausgehmeile verdankt die Rue Oberkampf sicherlich dem alten Café Charbon › **S. 38** mit seinen abgegriffenen Holzvertäfelungen, den riesigen Spiegeln und schiefen Lampen. Der Underground-Charme des Charbon zieht viele alternative Nachtfalter an.

Erst-! klassig

Touren im Osten

Tour 16
Entlang den Kanälen
13 Parc de la Villette
14 Cité des Sciences et de l'Industrie
15 Canal de l'Ourcq
16 Bassin de la Villette
17 Canal St-Martin
18 Quai de Valmy
19 Rue Oberkampf

Tour 17
Zum Friedhof Père Lachaise
20 Place de Rhin et Danube
21 Villa Claude Monet
22 Place des Fêtes
23 Parc des Buttes Chaumont
24 Parc de Belleville
25 Cimetière du Père Lachaise

Tour 17 Zum Friedhof Père Lachaise

Tour-Übersicht:

Verlauf: Place de Rhin et Danube › Quartier Amérique › Place des Fêtes › Parc des Buttes Chaumont › Parc de Belleville › **Cimetière du Père Lachaise

Dauer: 2–3 Std. reine Gehzeit

Praktische Hinweise:

- Unternehmen Sie die Tour am besten vormittags an einem Dienstag, Freitag oder Sonntag ab Ⓜ Danube: Auf der ansonsten wenig sehenswerten, da von Hochhäusern umstellten Place des Fêtes findet dann ein riesiger Wochenmarkt statt, auf den sich selten Touristen verirren.

Tour-Start: Place de Rhin et Danube 20

Hier glaubt man kaum noch in Paris zu sein, denn nichts gleicht den breiten Boulevards mit ihren imposanten Fassaden des 19. Jhs.

Zwischenstopp: Café

Das **Café Parisien** (Nr. 2) ist eine typische Adresse des Viertels. Im Bistro lädt eine kleine Mittagskarte ein zum bezahlbaren *déjeuner* fernab der hektischen Innenstadt.

Villa Claude Monet 21

Villa nennen sich im Französischen kleine Gassen, von denen es hier im **Quartier Amérique** viele gibt. Die Häuser mit Garten sind auffallend niedrig. Der Abbau von Kalk, den man bis nach Amerika exportierte (daher der Name Quartier Amérique), hat den Untergrund ausgehöhlt und instabil werden lassen. Höhere Bebauung war daher lange nicht möglich. Die kleinen *pavillons*, wie die Häuser hier genannt werden, sind dennoch begehrte Pariser Immobilien – die malerische Atmosphäre mit üppig wuchernden Fliedersträuchern und Glyzinien hat eben ihren Preis.

Place des Fêtes 22

Auf der an sich wenig attraktiven Place des Fêtes lockt dienstags, freitags und sonntags ein riesiger Wochenmarkt (ca. 8–14 Uhr). Das Angebot ist hier so bunt wie das Publikum, das sich vom späten Vormittag an geduldig im Schlangestehen übt, um frischen Fisch, Grillhähnchen, Obst und Gemüse aus dem Pariser Umland, Biobrot, afrikanische oder portugiesische Spezialitäten bzw. einfach Schnittblumen nach Hause tragen zu können.

Erst-! klassig

Parc des Buttes Chaumont 23

Über die Rue de Crimée erreicht man die recht große Grünanlage. »Chaumont« meint den »kahlen Berg«, denn hier wurde wie im nahen Quartier Amérique Kalk abgebaut, allerdings im Tagebau. Was übrig blieb, waren kahle Abhänge. Der Städteplaner Kaiser Napoleons III., Georges-Eugène Baron Haussmann, verwandelte sie in eine künstliche Felsen- und Grottenlandschaft. Der Park als grüne

Lunge für die Arbeiterbevölkerung im Pariser Osten war geboren. In der Mitte eines zentralen Sees ragt ein größtenteils künstlicher Felsen hervor. Hierauf steht ein kleiner Rundtempel, zu dem eine Brücke hinüberführt. Der Blick von hier auf Sacré-Cœur fällt unter die Rubrik Postkartenansicht.

Erst-klassig

Parc de Belleville 24

Ziemlich unerwartet öffnet sich von der Rue Piat zur Rechten das Blickfeld zu einem weiten Panorama über fast ganz Paris. Mit dieser Ansicht kann ansonsten nur noch der Montmartre-Hügel mithalten. Der Stadtteil Belleville liegt auf der zweithöchsten Erhebung der Stadt, an der die Pariser Touristenströme bisher größtenteils vorbeiziehen.

Zwischenstopp: **Restaurant/Bar**

Gegenüber lässt sich eines der alteingesessenen Bistros von Belleville entdecken: im **Le Vieux Belleville**, wird zünftiges Essen bei traditionellen Chansons, begleitet vom Akkordeon, seit Generationen großgeschrieben › **S. 39.**

- Rue des Envierges
- www.le-vieux-belleville.com

11 **Cimetière du Père Lachaise 25

Der erste Blick auf die Orientierungstafel am Eingang zum Friedhof Père Lachaise ist unerlässlich (Mitte März–Anfang Nov. Mo–Fr 8–18, sonst bis 17.30, Sa ab 8.30, So ab 9 Uhr, www.pere-lachaise.com, mit virtuellem Besuch).

Wo genau Marcel Proust, Edith Piaf, Oscar Wilde, Jim Morrison, Frédéric Chopin, Simone Signoret und Yves Montand, Molière, La Fontaine, Baron Haussmann oder die Urnen von Max Ernst und der Callas beerdigt sind, erfährt man hier anhand von Nummern. Diese verweisen auf die einzelnen »Divisionen«, in die der große Friedhof unterteilt ist.

Der nördliche, jüngere Friedhofsbereich wurde in einem streng symmetrischen Raster angelegt. Im Zentrum liegt das Columbarium mit seinen Wandnischen, die die Aschenurnen der Verstorbenen hinter einer meist steinernen Abdeckplatte verbergen. Gruselig sind verrostete Türen, die offen stehen und ein verfallenes Grabmal anzeigen. Bei den Gräbern von Oscar Wilde und Jim Morrison liegen meist frische Blumen. Das Grab des Malers Géricault schmückt sein berühmtestes Bild, »Das Floß der Medusa« (Louvre) – hier allerdings als Bronzerelief. Eine Trauernde in Marmor bewacht Chopins Grab, dabei liegt sein Herz wunschgemäß in der Kathedrale von Warschau.

Auf dem Friedhof Père Lachaise

Ausflüge

Das Beste!

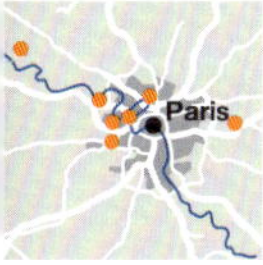

Von der barocken Pracht des Sonnenkönigs in Versailles über die amerikanischen Märchenwelten in Disneyland bis zur beschaulichen Stille im Garten von Giverny: Die Umgebung von Paris bietet Ausflugsziele für jeden Geschmack.

12

***Versailles 1

Paris › Versailles

Dauer: 1 Tag mit Besuch des Parks und der Trianon-Schlösser

Praktische Hinweise:

- Von der Innenstadt mit der RER C bis Versailles Rive Gauche (Endstation, ca. 40 Min.). Von dort etwa 10 Min. Fußweg bis zum Schloss.
- Schloss: tgl. außer Mo April–Okt. 9–18.30, sonst bis 17.30 Uhr.
- Trianon-Schlösser: April–Okt. tgl. 12–18.30, sonst bis 17.30 Uhr
- Eintritt ins Schloss 15 €, Trianon 10 €, Kombiticket 18 €
- »Grandes Eaux musicales«, mit klassischer Musik untermalte Wasserspiele gibt es April–Okt. Sa, So jeweils 11–12 und 15.30–17 Uhr, Mai–Juni auch Di; 8,50 €
- www.chateauversailles.fr

Das Schloss des Sonnenkönigs ist der Inbegriff französischer Schlossbaukunst und beeinflusste die Herrscherarchitektur ganz Europas. Ludwig XIV. ließ die riesige Dreiflügelanlage ab 1668 um ein Jagdschlösschen seines Vaters herum errichten. 1682–1789 war Versailles Regierungssitz. Zu besichtigen sind die Großen Appartements, der glanzvolle Spiegelsaal und die Schlachtengalerie. Weitere Räume sind nur im Rahmen einer Führung zugänglich. Auch die kleineren Schlösser im Park sind für Besucher geöffnet. Das ebenfalls für Ludwig XIV. errichtete Grand Trianon, das später das Vorbild für Schloss Sanssouci in Potsdam werden sollte, ist zu Fuß bequem in ca. 20 Min. vom Hauptschloss aus zu erreichen. Daneben liegt das intimere, Mitte des 18. Jhs. für Madame de Pompadour erbaute Petit Trianon.

Bei trockenem Wetter lohnt sich allein schon der ausgiebige Besuch des Schlossparks von Versailles, der mit seinen Skulpturen, Fontänen und barocken Durchblicken von André Le Nôtre für Ludwig XIV. entworfen wurde.

Schloss Versailles

**Basilique de St-Denis 2

Paris › St-Denis-Basilique

Dauer: 2–3 Std.

Praktische Hinweise:

- Von der Innenstadt mit der Metro 13 Richtung St-Denis-Université bis Ⓜ St-Denis-Basilique (ca. 20 Min.).
- April–Sept. Mo–Sa 10–18.15 Uhr, So ab 12 Uhr, im Winter bis 17.15 Uhr; Eintritt 7,50 €.
- Infos: www.saint-denis.monuments-nationaux.fr

› Karte S. 134

Im sonst wenig sehenswerten Pariser Vorort St-Denis steht ein Juwel der gotischen Baukunst: Die Königsbasilika von Frankreich war während zwölf Jahrhunderten die Grablege der französischen Könige und Königinnen. Zwar wurden die Grabmäler während der Revolution zerstört und entfernt, doch kehrten viele zu Beginn des 19. Jhs. wieder nach St-Denis zurück. Der um 1144 unter Abt Suger, dem bedeutendsten Ratgeber von Ludwig VII., errichtete Chor der Basilika gilt als der Gründungsbau der gotischen Architektur. Erstmals war es hier gelungen, die Außenmauern so weit für den Einbau von 37 großen bemalten Glasfenstern zu öffnen, dass das als göttlich empfundene Licht in den Kirchenbau eindringen konnte.

In der Krypta, die wie das Querschiff, der Chor und der Chorumgang heute Museum ist, sind Überreste eines gallorömischen Friedhofs freigelegt worden, auf dem Mitte des 3. Jhs. der erste Pariser Bischof, der hl. Dionysius (St-Denis), beigesetzt wurde, nachdem er als Märtyrer am Montmartre geköpft worden war.

*Villa Savoye von Le Corbusier 3

Paris › Poissy

Dauer: ca. 3 Std.

Praktische Hinweise:

- Von der Innenstadt aus mit der RER A (Stationen z. B. Charles de Gaulle-Étoile, Châtelet – Les Halles oder Gare de Lyon) bis zur Endstation Poissy fahren (35 Min.). Dann die Buslinie 50 bis »Villa Savoye« nehmen oder ca. 15 Min. zu Fuß gehen.
- Di–So Mai–Aug. 10–18, März/April und Sept./Okt. 10–17, Nov.–Feb. 10–13 und 14–17 Uhr. Geschlossen: 1.5., 1.11., 11.11., 25.12.–1.1.
- Eintritt 7,50 €
- 2, rue de Villiers | 78300 Poissy
- www.villa-savoye.monuments-nationaux.fr

Diese in den Jahren 1928–1932 von einem der Väter der modernen Architektur, dem Schweizer Architekten Le Corbusier (1887 bis 1965), entworfene Villa steht mitten auf der grünen Wiese. Das strahlend weiße Wochendhaus für Pierre und Eugénie Savoye errichtete Le Corbusier auf filigran wirkenden Betonstelzen. Darunter sollte Luft zirkulieren und Parkraum für Automobile sein. Über Teile des Dachs erstreckt sich eine Terrasse. Viel Licht dringt durch breite Fensterbänder ins Innere. Jede Fläche und jeder Raum in diesem Gebäude wurde nutzbar gemacht. Le Corbusiers Idee der funktionellen »Wohnmaschine« kommt in der Villa Savoye deutlich zum Ausdruck.

Heute gehört dieses realisierte Manifest modernen Bauens dem französischen Staat, der es vorbildlich pflegt. So wirkt das Haus weiterhin, als sei es bewohnt, und man kann sich entspannte Wochenenden hier gut vorstellen.

Die Villa Savoye von Le Corbusier – ein Vorbild moderner Wohnhäuser

La Défense 4

Paris › La Défense

Dauer: 2 Std.

Praktische Hinweise:

- Mit der Metrolinie 1 bis zur Endstation Ⓜ La Défense. Oder bereits an der Esplanade de la Défense aussteigen und dann auf die Grande Arche zugehen. Auf dem Weg sind viele Bauten und Kunstwerke von Miró, César oder Calder zu bestaunen. Am lebendigsten ist La Defense Mo–Fr tagsüber.
- www.ladefense.fr

Das Bürohochhausviertel La Défense mit nur ca. 30 000 Einwohnern, aber etwa 150 000 Pendlern grenzt im Westen an Paris. Seine Skyline liegt genau in einer Blickachse mit dem Arc de Triomphe, den Champs-Elysées und dem Louvre. Seit 1955 wird in La Défense ununterbrochen gebaut: Nicht nur Büroflächen, auch Geschäfte und Lokale entstehen.

Zum Wahrzeichen des Viertels ist **La Grande Arche** geworden, das – bisher – spektakulärste der Hochhäuser dort. Es ist ein mit weißem Carrara-Marmor verkleideter riesiger Würfel, dem zwei seiner sechs Seiten fehlen und der sich daher als gigantischer Bogen darstellt, in dem die Kathedrale Notre-Dame theoretisch stehend Platz finden würde. Der große Bogen wurde als westliche Begrenzung der alten, vom Louvre ausgehenden Pariser Königsachse entworfen und 1984 noch von Staatspräsident François Mitterrand in Auftrag gegeben.

Vor der Grande Arche bläht sich das weit ausladende Betondach des **C.N.I.T-Kongressgebäudes** wie ein Segel auf. Nur an drei Stellen liegt die gewaltige Konstruktion auf dem Boden auf. Die riesige, stützenlose Halle, die sich darunter ausdehnt, lohnt ebenfalls einen Besuch.

Château de Monte-Cristo 5

Paris › Le Port-Marly

Dauer: 4–5 Std.

Praktische Hinweise:

- RER-Linie A bis zur Endstation Saint-Germain-en-Laye (35 Min.), dann mit Buslinie 10 Richtung Marly-le-Roi bis Haltestelle Les Lampes, die Ave. Kennedy hinuntergehen, erste Straße, Chemin des Montferrands, nach rechts, dann ist das Château ausgeschildert.
- 1.4.–1.11. Di–Fr 10–12.30 und 14–18 Uhr, Sa, So 10–18 Uhr, So nachmittags nur mit Führung in Französisch (außer 13.7.–6.9.); 2.11.–31.3. nur So 14–17 Uhr mit Führung; Eintritt 6 €, Park 3 €.
- 78560 Le Port-Marly, Tel. 01 39 16 49 49
- www.chateau-monte-cristo.com

Wer kennt nicht die Geschichten von den »Drei Musketieren« und dem »Graf von Monte Cristo«? Vor den Toren von Paris hat sich ihr Autor Alexandre Dumas (1802–1870) auf dem Höhepunkt seines Ruhms ein Refugium geschaffen, das zum mondänen Treffpunkt der bürgerlichen Gesellschaft der ersten Hälfte des 19. Jhs. wurde. Glanzvolle Feste fanden hier ihren entsprechenden Rahmen. Dumas hatte sich einen Renaissancepalast erbauen lassen, in dem er einen einzigartigen maurischen Salon von tunesischen Kunsthandwerkern einrichten ließ. Im englisch gestalteten Landschaftspark steht noch heute sein »Chateau d'If«, ein neogotisches Schlösschen, in das er sich oft zum Schreiben zurückzog. Doch musste er 1851 seine Architekturfantasie verlassen, denn erdrückend war seine Schuldenlast. Er ging ins Exil nach Belgien. Sein Schloss wechsel-

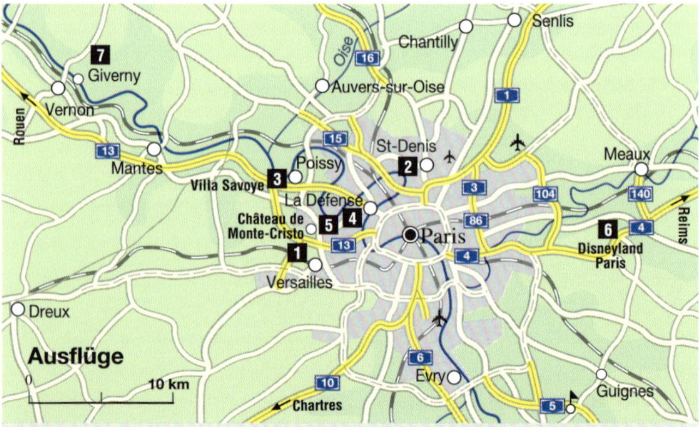

1 Versailles
2 Basilique de St-Denis
3 Villa Savoye von Le Corbusie
4 La Défense
5 Château de Monte-Cristo
6 Disneyland Resort Paris
7 Giverny

› Karte
S. 134

te in der Folgezeit oft die Besitzer und war 1970 sogar vom Abriss bedroht. Doch mittlerweile ist das Schloss von Monte Cristo mustergültig renoviert, und Ausstellungen widmen sich dem großen Autor.

Disneyland Resort Paris 6

Paris › Disneyland Resort Paris

Dauer: mind. 1 ganzer Tag
Praktische Hinweise:

- Von der Innenstadt aus mit der RER A (Stationen z. B. Charles de Gaulle-Étoile, Châtelet – Les Halles oder Gare de Lyon) bis zur Endstation Chessy Marne-la-Vallée (45 Min.).
- Disneyland-Themenpark und Walt-Disney-Studios-Park ab 10 Uhr, Schließung je nach Jahreszeit zwischen 18 und 23 Uhr. Eintrittspreise vom Datum abhängig, um 70 €. Infos und Buchung im Internet:
- www.disneylandparis.com

Europas einziges Disneyland liegt etwa 40 km östlich von Paris

Seit 1992 zieht der Disneyland Park (ca. 40 km östlich von Paris) Millionen von Besuchern an. Fliegende Elefanten sind zu sehen, der Hutmacher aus »Alice im Wunderland«, und zwischendurch taucht irgendwo plötzlich Mickey Mouse auf – willkommen im Fantasy-Land! Wer's wilder mag, besucht das Adventure-Land: Viel Liebe zum Detail lässt selbst geübte Geisterbahnfahrer wohlig erschauern. Discovery-Land ist nicht nur für künftige Erfinder und andere Genies ein Muss, und im Frontier-Land wird die Geschichte des Wilden Westens lebendig. Filmkulissen, Requisiten und prachtvolle Kostüme – im Walt-Disney-Studios-Park wird auf abenteuerliche Weise die Entstehung eines Films erklärt. Ein Aha-Erlebnis jagt das nächste, so erfährt man etwa, was hinter den verblüffenden Special Effects steckt. Für Groß und Klein ist die Studio-Tram-Tour eine spannende Reise in die Welt des Kinos. Nerven- und Bauchkitzel gibt's gratis beim freien Fall im Aufzug des Hollywood Tower Hotels.

› Karte S. 134

*Giverny 7

Paris › Giverny

Dauer: 1 Tag

Praktische Hinweise:

- Vom Pariser Gare St-Lazare unbedingt den frühen Zug gegen 8 Uhr nehmen, der in Richtung Rouen bis zum Bahnhof Vernon fährt (45 bis 60 Min.). Von dort gibt es einen Bus-Shuttle nach Giverny (7 km), man kann am Bahnhof aber auch ein Fahrrad mieten.
- 29.3.–1.11. Di–So 9.30–18 Uhr
- Eintritt 9,50 €.
- Fondation Claude Monet
  84, rue Claude Monet
  27620 Giverny
  Tel. 02 32 51 28 21
- www.fondation-monet.com

Hier entstanden die berühmten Seerosenbilder des Impressionisten Claude Monet (1840–1926), der von 1883 bis zu seinem Tod in dem normannischen Landhaus in Giverny lebte. Die Motive boten sich ihm tagtäglich in seinem japanischen Garten, den er eigens für seine Studien ab 1895 angelegt hatte. Neben dem Haupthaus, das von einem ausgedehnten Blumengarten umgeben ist, liegt das große Atelier, in dem Monet die »Nymphéas« (Seerosen) auf riesige Leinwände malte – sie wurden später in den beiden ovalen Sälen der Pariser Orangerie › **S. 69** angebracht. Im Inneren des Anwesens meint der Besucher, Monet hätte das Haus gerade erst mit seiner Staffelei unter dem Arm verlassen. Alles ist so geblieben wie zu Lebzeiten des großen Meisters.

Die japanische Brücke im Garten von Giverny

Infos von A–Z

Ärztliche Versorgung

Deutsche Versicherungskarten werden nicht akzeptiert, Arzt- und Krankenhausrechnungen müssen zunächst privat bezahlt und dann zu Hause eingereicht werden. In allen großen Krankenhäusern in Paris wird Englisch zumindest verstanden.

Apotheken *(pharmacie)* mit 24-Stunden-Dienst:

- **Pharmacie Européenne de la Place de Clichy**
  6, place de Clichy, Ⓜ Place Clichy
- **Pharmacie Les Champs Dhéry**
  84, ave. des Champs-Élysées, Ⓜ George V.

Behinderte

Der Autor Franck Vermet, selbst Rollstuhlfahrer, hat Paris auf seine Tauglichkeit für behinderte Touristen geprüft und den Paris-Führer »Le Guide de Paris accessible« (www.voyage-handicap.fr) verfasst. Weitere Infos unter www.paris.fr.

Diplomatische Vertretungen

- **Deutschland:** 13–15, ave. Franklin D. Roosevelt, Ⓜ Franklin D. Roosevelt, Tel. 01 53 83 45 00
  www.paris.diplo.de
- **Österreich:** 6, rue Fabert
  Ⓜ Invalides, Tel. 01 40 63 30 63, www.amb-autriche.fr
- **Schweiz:** 142, rue de Grenelle
  Ⓜ Varenne, Tel. 01 49 55 67 00
  www.eda.admin.ch/paris

Einreise

EU-Bürger mit Personalausweis oder Reisepass, Schweizer mit Reisepass oder Identitätskarte. Jugendliche unter 16 ohne eigenen Ausweis müssen im Pass eines Elternteils eingetragen sein.

Eintrittskarten

Den größten Ticketvorverkauf für Konzerte und Ausstellungen gibt es in den Filialen der Entertainment-Ladenkette FNAC:

- **FNAC Forum des Halles**
  1–7, rue Pierre Lescot, Ⓜ Châtelet-Les Halles, Ausgang Pierre Lescot
  Mo–Sa 10–20 Uhr,
- **FNAC Champs-Élysées**
  74, ave. des Champs-Élysées
  Ⓜ Franklin D. Roosevelt
  Mo–Sa 10–23.45, So 12–23.45 Uhr
- Am **Kiosque de la Madeleine** (15, place de la Madeleine, Ⓜ Madeleine, www.kiosquetheatre.com, Di–Sa 12.30–20, So 12.30 bis 16 Uhr) bekommt man Theaterkarten für den gleichen Tag zum halben Preis.

Feiertage

- 1. Januar – Neujahr
- Ostermontag
- 1. Mai – Tag der Arbeit
- 8. Mai – Waffenstillstand 1945
- Christi Himmelfahrt
- Pfingstmontag
- 14. Juli – Nationalfeiertag
- 15. August – Maria Himmelfahrt
- 1. November – Allerheiligen
- 11. November – Waffenstillstand 1918
- 25. Dezember – Weihnachten

Fundbüro

- **Bureau des objets trouvés**
  36, rue des Morillons, 75015 Paris
  Ⓜ Convention, Tel. 08 21 00 25 25
  Mo–Do 8.30–17, Fr bis 16.30 Uhr

Geld

Das Bezahlen mit gängigen ausländischen Kreditkarten ist in Frankreich weit verbreitet. An allen Geldautomaten *(guichet automatique)* mit dem Maestro-Zeichen kann man mit der Bankkarte und Pin-Code Geld abheben. Banken haben Mo–Fr 9–13 und 14.30 bis 17 Uhr geöffnet, größere Filialen durchgehend.

Information

Die Büros des Pariser **Office de Tourisme** informieren über Sehenswertes und Events, verkaufen Pässe für Museen und öffentliche Verkehrsmittel und vermitteln Hotels, Ausflüge und Eintrittskarten (deutschsprachige Website: http://de.parisinfo.com).

- **Pyramides**, 25, rue des Pyramides Ⓜ Pyramides, tgl. 9–19 Uhr, im Winter ab 10 Uhr
- **Gare du Nord**, 18, rue de Dunkerque, Ⓜ Gare du Nord, tgl. 8–18 Uhr

Die **Website des Pariser Rathauses,** www.paris.fr (auch engl.), konzentriert sich auf Kultur und städtische Projekte und bietet viele weiterführende Links.

Allgemeine Infos zu Frankreich wie auch zu Paris sowie Hotelbuchungen bieten die Büros der Französischen Zentrale für Tourismus ATOUT FRANCE (deutschsprachige Website: http://de.rendezvousenfrance.com:

- **Deutschland:** Postfach 100128, 60001 Frankfurt/Main, info.de@rendezvousenfrance.com
- **Österreich:** Tel. 01/5 03 28 92 (gebührenfrei) Mo–Fr 9–15 Uhr, info.at@rendezvousenfrance.com

GUT ZU WISSEN

Parkplätze

- Die Parkplatzsuche in Paris ist meist langwierig, und Parkhäuser sind teuer, aber auch für Parkplätze an der Straße muss man am Parkautomaten zahlen (außer fast überall im August).

Museen

- Der Eintritt in die 14 städtischen Museen (außer Sonderausstellungen) ist gratis, für staatliche Museen wie den Louvre gilt dies nur am ersten Sonntag im Monat. Für Personen unter 26 Jahren (aus Mitgliedsstaaten der EU, sonst unter 18 Jahren) ist der Eintritt immer frei. Die Schließungstage der Pariser Museen verteilen sich auf Montag und Dienstag.
- Der Museumspass (www.parismuseumpass.fr) für 2, 4 oder 6 Tage zu 39, 54 oder 69 € bietet freien Eintritt in mehr als 60 Museen (außer Sonderausstellungen) und Denkmäler wie Versailles, die Villa Savoye oder die Basilique St-Denis. Er gilt allerdings nicht für den Eiffelturm.
- Erhältlich ist der Museumspass in den Museen oder im Haupttourismusamt (Office du Tourisme). Mindestens 10 Tage vor der Reise kann man ihn auch im Internet unter www.fnac.com zu bestellen.

Öffnungszeiten

- In der Regel haben die Geschäfte Mo–Sa von 9 bis mindestens 19 Uhr geöffnet und einmal in der Woche bis 21 oder 22 Uhr. Einige kleine Läden schließen über Mittag. Lebensmittelgeschäfte sind auch So bis 13 Uhr geöffnet, dafür aber Mo geschlossen. Im August machen viele Geschäfte Betriebsferien.

Rauchverbot

- Das Rauchen in Restaurants, Bars und anderen öffentlichen Einrichtungen ist seit 2007 strengstens verboten.

Blick durch die Eingangspyramide des Louvre nach oben

- **Schweiz:**
  info.ch@rendezvousenfrance.com

Internet

Viele Bars und Cafés in Paris bieten einen drahtlosen Internetzugang (Wi-Fi) für den mitgebrachten Laptop an. Manche Internetcafés rechnen nach Onlinezeit ab, in anderen wird Verzehr erwartet. In allen öffentlichen Parkanlagen in Paris ist der Wi-Fi-Empfang kostenlos.

Medien

Neben den großen überregionalen französischen Tageszeitungen berichtet vor allem das Boulevardblatt *Le Parisien* aus der Hauptstadt.

Die Tageszeitung *Metro*, die häufig am Eingang zu den Metrostationen kostenlos verteilt wird, bietet viele nützliche Informationen und Tipps (ideal zur Vorbereitung einer Parisreise: www.metrofrance.com).

Netzspannung

220 Volt. In den Hotels braucht man in der Regel keinen Adapter für deutsche Schukostecker.

Notrufnummern

- Notruf/Erste Hilfe (SAMU): Tel. 15
- Polizei *(police)*: Tel. 17
- Feuerwehr *(pompiers)*: Tel. 18
- SOS Médecins (Arzt): Tel. 36 24
- Euro-Notruf: 112

Post und Telefon

Die Postämter haben Mo–Fr 8–19 Uhr, Sa 8–12 Uhr geöffnet, das Hauptpostamt in der Rue du Louvre rund um die Uhr. Briefmarken *(timbres)* können auch in Tabakläden gekauft werden (rotes »Tabac«-Schild).

Öffentliche Telefonzellen funktionieren nur mit Telefonkarte (*carte téléphonique*, im Tabakladen erhältlich).

Internationale Vorwahlen

- Deutschland: 00 49
- Österreich: 00 43
- Schweiz: 00 41
- Frankreich: 00 33

Handys *(portable, mobile)* funktionieren problemlos. Tipps zum kostengünstigen Mobiltelefonieren in Frankreich unter www.teltarif.de/roaming/frankreich/handy.html.

Sicherheit

Wegen der vielen Taschendiebe sollte man Wertsachen zu Hause lassen und Geld möglichst nicht offen zeigen. Auch die Geldbörse sollte man zugriffssicher aufbewahren. Besonders in Acht nehmen muss man sich vor Diebstählen in der Metro. Der sicherste Parkplatz für das Auto ist die Hotelgarage. Darüber hinaus ist die Gefahr terroristischer Anschläge nach wie vor gegeben.

Sperren lassen können deutsche Touristen alle gängigen Bank- und Kreditkarten unter Tel. +49 116 116 oder +49 30 40 50 40 50. Hierfür benötigt man Kontonummer und Bankleitzahl.

Stadtrundfahrten

Mit dem Bus

- **L'Open Tour**
  13, rue Auber, Ⓜ Opéra,
  www.parislopentour.com
  Vier große Stadtbesichtigungstouren (ab 9.30 Uhr) im offenen Doppelstockbus mit Tonbandkommentaren in vielen Sprachen (ab 31 €).
- **Les Cars Rouges**
  www.carsrouges.com, 9.30–20 Uhr.
  Die offenen Doppeldeckerbusse fahren sieben Hauptsehenswürdigkeiten an (Tonbandkommentare in mehreren Sprachen). Die Tickets (31 €) gelten den ganzen Tag, sodass man zwischendurch auch aussteigen kann.
- **Buslinie 24**
  tgl. bis ca. 20.30 Uhr, außer So und Fei. Die öffentliche Buslinie fährt – zum Preis eines einfachen Bustickets – an den meisten Sehenswürdigkeiten von Paris vorbei.

Urlaubskasse	
Tasse Kaffee	2,60 €
Softdrink	4 €
Glas Bier	4 €
Kugel Eis	2,50 €
Tarte	4 €
Taxifahrt (Kurzstrecke, abends, ca. 12 km)	16 €
Mietwagen/Tag (preiswerteste Saison)	65 €
1 l Superbenzin	1,65 €

Mit dem Fahrrad

- **Paris à vélo c'est sympa,**
  22, rue Alphonse Baudin, Ⓜ Richard-Lenoir, Tel. 01 48 87 60 01,
  www.parisvelosympa.com
  April–Okt. Mo, Mi–Fr 9.30–13 und 14 bis 18, Sa, So 9–19 Uhr.
  Geführte Fahrradtouren (3 Std.) durch Paris (34 €), auch nur Fahrradverleih möglich.

Mit Seineschiffen

- **Bateaux Parisiens**
  Port de la Bourdonnais (am Fuß des Eiffelturms), Ⓜ Bir Hakeim,
  Tel. 0825-01 01 01 (0,15 €/min)
  www.bateauxparisiens.com
- **Vedettes du Pont-Neuf**
  Square du Vert-Galant, Ⓜ Pont-Neuf,
  Tel. 01 46 33 98 38,
  www.vedettesdupontneuf.de

Auf den Kanälen

- **Paris-Canal**
  21, quai de la Loire (Bassin de la Villette), Ⓜ Jaurès,
  Tel. 01 42 40 96 97,
  www.pariscanal.com
- Fahrten über den Canal St-Martin und weiter ins Umland › S. 22.
- **Canauxrama**
  13, quai de la Loire, Ⓜ Jaurès,
  Tel. 01 42 39 15 00,
  www.canauxrama.com

Trinkgeld

In Hotels und Restaurants sind 5–10 % des Rechnungsbetrags als Trinkgeld üblich. Das Gleiche gilt für Taxis.

Zoll

Reisende aus EU-Ländern dürfen Waren für den persönlichen Bedarf zollfrei ein- und ausführen.

Für Schweizer zollfrei sind Waren bis zum Gesamtwert von 300 CHF, zusätzlich 200 Zigaretten oder 50 Zigarren, 1 l Spirituosen über 15 Vol.-% oder 2 l unter 15 Vol.-% und 2 l Wein.

Register

Bildnachweis

Coverfoto Kathedrale Notre-Dame © Schapowalow/SIME/Pietro Canali
Fotos Umschlagrückseite © Pixelio/Anne Honisch (links); Jahreszeitenverlag/Natalie Kriwy (Mitte), Fotolia/Zasteno (rechts)
Alamy/Jenny Andre: 136; Alamy/Jenny Andre: 136; Alamy/John Kellermann: 61; Alamy/Mundus Images: 95; Alamy/John Norman: 105; APA Publications/Annabel Elston: 100; Bildagentur Huber/Fischer: 87; Bildagentur Huber/Hans-Peter Huber: 135; Bildagentur Huber/Massimo Ripani: 49; Bildagentur Huber/G. Simeone: 56, 58; Bildagentur Huber/Stadler: 111; Catch-the-Day/Manfred Braunger: 129; Fotolia/Stephan Karg: U2-1, 44; Elisabeth Galikowski: 119, 123; Herbert Hartmann: 36, 88, 90, 117; iStockphoto/Nikada: U2-2; Jahreszeitenverlag/Marion Beckhäuser: 53, 83; Jahreszeitenverlag/Klaus Bossemayer: 1, 66; Jahreszeitenverlag/GourmetPictureGuide: 21; Jahreszeitenverlag/ Natalie Kriwy: 78; laif/hemis.fr/Arnaud Chicurel: 11; laif/Celentano: 28; laif/Explorer/Jean-Michel Coureau: 38; laif/Dreysse: 22; laif/Thomas Ebert: 59, 107; laif/hemis.fr/Patrick Escudero: 33; laif/Galli: 138; laif/Gonzalez: 73, 99; laif/Hahn: 116; laif/Hemis: 31, 115; laif/hemis.fr/Ludovic Maisant: U2-3; laif/Hartmut Krinitz: 70, 98; laif/Le Figaro Magazine: 17; laif/ Rapho: 133; laif/Peter Rigaud: 18; laif/Dorothea Schmid: 76; laif/hemis.fr/Sylvain Sonnet: 55, 115; laif/Berthold Steinhilber: U2-4; LOOK-foto/age fotostock: 72; LOOK-foto/Sylvain Grandadam: 130; Mauritius images/age: 50; Pixelio/ Carsten Raum: 77; Schapowalow/SIME/Pietro Canali: 40; shutterstock/Lyubow Timofeyev: 6; Klaus Thiele: 11, 46, 68, 81; Ernst Wrba: 64.

Liebe Leserin, lieber Leser,
wir freuen uns, dass Sie sich für diesen POLYGLOTT on tour entschieden haben. Unsere Autorinnen und Autoren sind für Sie unterwegs und recherchieren sehr gründlich, damit Sie mit aktuellen und zuverlässigen Informationen auf Reisen gehen können. Dennoch lassen sich Fehler nie ganz ausschließen. Wir bitten Sie um Verständnis, dass der Verlag dafür keine Haftung übernehmen kann.

Ihre Meinung ist uns wichtig. Bitte schreiben Sie uns:
TRAVEL HOUSE MEDIA GmbH, Redaktion POLYGLOTT, Grillparzerstraße 12,
81675 München, redaktion@polyglott.de
www.polyglott.de

2. unveränderte Auflage
Dieses Buch wurde auf chlorfrei gebleichtem Papier gedruckt.
ISBN 978-3-8464-9709-8

Verlagsleitung: Michaela Lienemann
Redaktionsleitung: Grit Müller
Autoren: Peter Eckerlin (Originalautor) und Björn Stüben
Neukonzeption: Björn Stüben
Redaktion: Martin Waller für Werkstatt München, Buchproduktion
Bildredaktion: Ulrich Reißer und Anja Dengler
Visuelle Neukonzeption und Layout: Gramisci Editorialdesign, München, und Ute Weber, Geretsried
Titeldesign-Konzept: Gramisci Editorialdesign und Ute Weber
Karten und Pläne: Gecko-Publishing GmbH, Bad Endorf
Satz: Ute Weber
Druck und Bindung: Firmengruppe APPL, aprinta druck, Wemding

PEFC
PEFC/04-32-0928

TRAVEL HOUSE MEDIA

Ein Unternehmen der
GANSKE VERLAGSGRUPPE

Langenscheidt Mini-Dolmetscher Französisch

Allgemeines

Guten Tag.	Bonjour. [bõ~~sch~~**ur**]
Hallo!	Salut! [ßa**lü**]
Wie geht's?	Ça va? [ßa **wa**]
Danke, gut.	Bien, merci. [bjẽ mär**ßi**]
Ich heiße …	Je m'appelle … [~~sch~~ö ma**päll**]
Auf Wiedersehen.	Au revoir. [o rö**woar**]
Morgen	matin [ma**tẽ**]
Nachmittag	après-midi [aprämi**di**]
Abend	soir [ßoar]
Nacht	nuit [nüi]
morgen	demain [dö**mẽ**]
heute	aujourd'hui [o~~sch~~ur**düi**]
gestern	hier [jär]
Sprechen Sie Deutsch?	Parlez-vous allemand? [par**le** wu al**mã**]
Wie bitte?	Pardon? [par**dõ**]
Ich verstehe nicht.	Je ne comprends pas. [~~sch~~ö nö kõ**prã** pa]
Sagen Sie es bitte nochmals.	Pourriez-vous répéter, s'il vous plaît? [pur**je** wu repe**te** ßil wu **plä**]
…, bitte.	…, s'il vous plaît. [ßil wu **plä**]
danke	merci [mär**ßi**]
Keine Ursache.	De rien. [dö **rjẽ**]
was / wer / welcher	quoi / qui / quel [koa / ki / käll]
wo / wohin	où [u]
wie / wie viel	comment / combien [ko**mã** / kõ**bjẽ**]
wann / wie lange	quand / combien de temps [kã / kõ**bjẽ** dö **tã**]
warum	pourquoi [pur**koa**]
Wie heißt das?	Comment ça s'appelle? [ko**mã** ßa ßa**päll**]
Wo ist …?	Où est …? [u ä]
Können Sie mir helfen?	Pouvez-vous m'aider? [pu**we** wu mä**de**]
ja	oui [ui]
nein	non [nõ]
Entschuldigen Sie.	Excusez-moi. [äksk**üse** **moa**]
Das macht nichts.	Ça ne fait rien. [ßa nö fä **rjẽ**]
Gibt es hier eine Touristeninformation?	Est-ce qu'il y a une information touristique ici? [äskil**ja** ün ẽforma**ßjõ** turis**tik** i**ßi**]
Haben Sie einen Stadtplan?	Avez-vous un plan de la ville? [a**we** wus ẽ plã dö la wil]
geschlossen	fermé [fär**me**]

Shopping

Wo gibt es …?	Où est-ce qu'il y a …? [u äskil**ja**]
Wie viel kostet das?	Ça coûte combien? [ßa kut kõ**bjẽ**]
Das ist zu teuer.	C'est trop cher. [ßä tro **schär**]
Das gefällt mir. / Das gefällt mir nicht.	Ça me plaît. / Ça ne me plaît pas. [ßa mö **plä** / ßa nö mö plä **pa**]
Wo gibt es hier eine Bank?	Où est-ce qu'il y a une banque ici? [u äskil**ja** ün bãk i**ßi**]
Ich suche einen Geldautomaten.	Je cherche un guichet automatique. [~~sch~~ö schärsch ẽ gi**schä** otoma**tik**]
Geben Sie mir 100 g Käse.	Donnez-moi cent grammes de fromage. [do**ne** **moa** ßã gram dö fro**ma~~sch~~**]
Haben Sie deutsche Zeitungen?	Avez-vous des journaux allemands? [a**we** wus de ~~sch~~ur**no** al**mã**]

Essen und Trinken

Die Speisekarte, bitte.	La carte, s'il vous plaît. [la **kart** ßil wu **plä**]
Brot	pain [pẽ]
Kaffee	café [ka**fe**]
Tee	thé [te]
mit Milch / Zucker	au lait / sucre [o lä / **ßü**krə]
Orangensaft	jus d'orange [~~sch~~ü do**rã~~sch~~**]
Suppe	soupe [ßup]
Fisch / Meeresfrüchte	poisson / fruits de mer [poa**ssõ** / früi dö **mär**]
Fleisch / Geflügel	viande / volaille [wjãd / wo**laj**]
Beilage	garniture [garni**tür**]
vegetarische Gerichte	cuisine végétarienne [küi**sin** we~~sch~~etar**jänn**]
Eier	œufs [öh]
Salat	salade [ßa**lad**]
Dessert	dessert [de**ssär**]
Obst	fruits [früi]
Eis	glace [glass]
Wein	vin [wẽ]
Bier	bière [bjär]
Aperitif	apéritif [aperi**tif**]
Wasser	eau [o]
Mineralwasser	eau minérale [o mine**ral**]
Limonade	limonade [limo**nad**]
Ich möchte bezahlen.	L'addition, s'il vous plaît. [ladi**ßjõ** ßil wu **plä**]